—ILIE CIOARA—

EL
SILENCIO
DE LA MENTE

editorial Sirio

Si este libro le ha interesado y desea que lo mantengamos informado de nuestras publicaciones, escríbanos indicándonos cuáles son los temas de su interés (Autoayuda, Espiritualidad, Qigong, Naturismo, Enigmas, Terapias Energéticas, Psicología práctica, Tradición...) y gustosamente lo complaceremos.

Puede contactar con nosotros en
comunicación@editorialsirio.com

Título original: THE SILENCE OF THE MIND
Traducido del inglés por Elsa Gómez Belastegui
Diseño de portada: Editorial Sirio, S.A.

© de la edición original
  Petrica Verdes 2011

Publicado en español por acuerdo con John Hunt Publishing Ltd, Alresford, Hampshire, Reino Unido

© de la presente edición

EDITORIAL SIRIO, S.A.
C/ Rosa de los Vientos, 64
Pol. Ind. El Viso
29006-Málaga
España

EDITORIAL SIRIO
Nirvana Libros S.A. de C.V.
Camino a Minas, 501
Bodega nº 8,
Col. Lomas de Becerra
Del.: Alvaro Obregón
México D.F., 01280

ED. SIRIO ARGENTINA
C/ Paracas 59
1275- Capital Federal
Buenos Aires
(Argentina)

www.editorialsirio.com
E-Mail: sirio@editorialsirio.com

I.S.B.N.: 978-84-7808-805-8
Depósito Legal: MA-302-2013

Impreso en los talleres gráficos de Romanya/Valls
Verdaguer 1, 08786-Capellades (Barcelona)

Printed in Spain

Me gustaría presentarte a Ilie Cioara, una rara flor de la humanidad, un tesoro escondido, un ser iluminado, traducido por primera vez a nuestro idioma. Sus escritos son un espejo del más allá, de algo que no se puede expresar con palabras, algo que solo es posible experimentar.

Este libro no está escrito para ser leído estrictamente en orden y de principio a fin. Ábrelo, elige un poema y absórbelo, medita sobre él, deja que se convierta en una parte de tu ser.

Las palabras son simplemente un dedo que apunta a la luna..., pero no a la luna distante, una luna que se alcanzará en algún momento del futuro, sino al milagro del aquí y el ahora que se revela ante nuestros ojos.

Lleva el libro contigo en el bolsillo todo el día, y, cuando te sientas decaído y agobiado, ábrelo y lee unas líneas; te devolverán a la realidad de quien verdaderamente eres.

Como traductor, hay partes de este libro que habré leído cientos de veces, y en cada lectura he descubierto algo nuevo.

Los poemas originales están escritos con ritmo y rima casi perfectos. Yo he intentado serle fiel a su contenido, al mensaje, más que a la forma.

Es para mí un gran placer compartir contigo, lector o lectora, esta sabiduría. Ojalá descubras en tu interior la realidad a la que este libro apunta.

El traductor[1]

---

1. Petrica Verdes, traductor al inglés de la obra original en rumano. (N. de la T.)

INTRODUCCIÓN

Este libro va dirigido particularmente a todos los individuos que quieran descubrir lo Sagrado practicando el «conocerse a sí mismo».

Con estos poemas-espejo, escritos con palabras sencillas que todo el mundo entiende, mi intención es poner al descubierto la actividad pensante del ser humano común, que actúa a modo de «ego» o conciencia superficial y que podremos sacar a la luz con la ayuda de una atención lúcida y omnímoda, que es un atributo de lo Sagrado.

En cuanto se alumbra el ego con la llama de la atención, su actividad cesa de repente; se queda completamente en silencio, y, en esa paz del alma o vacío psicológico, aparece una nueva conciencia –energía pura– donde la Belleza, la Verdad y el Amor se reflejan como en un espejo.

Todo ello se revela espontáneamente, por sí mismo y a través de sí mismo, sin contribución alguna de la «mente conocedora».

Estos poemas –leídos de cierta manera– nos ayudan a trascender el mundo finito y a integrarnos así con lo Infinito.

Son distintos de cualquier otra clase de poesía. Los poemas comunes encuentran su inspiración en la dimensión limitada que habita el poeta; son creaciones cuyo contenido va dirigido a los demás seres humanos que viven en la misma dimensión, e influyen en ellos en consonancia con el carácter limitado de esta.

Las incontables metáforas que con frecuencia se utilizan en muchos poemas sobrevalorados no hacen sino confirmar lo que digo. Tienen un efecto intelectual, imaginario y sentimental, y a veces nos hacen llorar; pero su belleza es solo relativa, igual de relativa que todo lo demás mientras el origen de nuestro funcionamiento se halle en el nivel del condicionamiento humano.

¡La comprensión intelectual es y será siempre limitada! Por eso el crítico literario nunca entenderá a alguien que exprese con palabras solo aquello que ha experimentado en otra dimensión.

Todos los poemas de este volumen tratan el mismo tema: el encuentro consigo mismo, contemplado desde diferentes ángulos. De ahí que la repetición de algunas palabras sea inevitable.

Pero, para «conocerse a sí mismo», las palabras importan poco; lo fundamental es lo que descubramos detrás de ellas, es decir, una integración con la realidad del momento. Cada uno de esos encuentros con la realidad es y será siempre único.

Cada vez que se lee un poema, solo las palabras se repiten. La experiencia de trascender lo finito e integrarnos en lo Infinito es, en cada lectura, originalidad, novedad absoluta.

Cada encuentro, realizado desde la sencillez, debilita la estructura egocéntrica que hemos construido, de la que somos prisioneros, y que es la causa de nuestra infelicidad y la infelicidad del mundo entero.

La frecuencia de los momentos vividos de esta manera demolerá finalmente los muros del ego. Tras ese feliz suceso, nuestro ser conducirá la Chispa Divina que mora en nosotros, que nos dirigirá con Amor, Belleza e Inteligencia creativa.

Los poemas van seguidos de una versión en prosa, a fin de aclarar todo lo posible el tema de cada uno de ellos y los problemas de nuestra vida sobre los que tratan.

La manera en que está escrito el libro expresa la realidad de esta experiencia. Cada encuentro frontal con ese ego con el que nos identificamos representa una auténtica ventana al Infinito, que nos funde con el Todo como seres completos.

ILIE CIOARA

ESCUCHAR Y OBSERVAR

Estate quieto, detente, estate atento..., ¡una atención global!
Ni pasado ni futuro; permanece con el momento presente.
Deja que, entre tú y lo que escuchas, los
pensamientos y las imágenes desaparezcan;
sé puro escuchar, un ser completo, ilimitado.

Con el divino instrumento —la observación— vivo y cristalino,
escucha y vigila fuera y dentro de ti.
El pensar está enteramente mudo —un silencio como de tumba—;
no hay expectativas, no hay proyecciones ideales.

Se creará así en ti un orden perfecto:
cuerpo y mente, el ser entero, en relación directa,
capaz de comprender cualquier fenómeno de la vida
real y profundamente, por muy efímero que sea.

Este sencillo encuentro es pura meditación.
Practícalo todo el tiempo, en toda circunstancia.
Empieza y termina con un silencio total,
el ser entero en armonía..., en un estado atemporal.

*La mente que nace de esta paz se renueva a cada instante,
desvinculada por completo del pasado, integrándose en el presente;
en el plano psicológico, eres un ser sin centro,
ilimitado, eres la Inmensidad misma,
capaz de abrazar la Eternidad del momento.*

*Por obra de estos sencillos encuentros, el viejo
ser humano empieza a desmoronarse;
se abre una grieta en la estructura egoica
por la que empiezan a escapar las energías
acumuladas, hasta desaparecer.
Te tenían prisionero desde tiempos inmemoriales.*

*La Liberación que así ha empezado continúa,
en el tiempo, hasta que, al final,
cuando el ego, ese condicionamiento triste, perece,
la Chispa —lo Sagrado que mora en nuestro
interior— retorna al Origen.
Más tarde o más temprano, este será el destino
de todos nosotros: la Liberación total.*

*Aquí reside el misterio del «conocerse a sí mismo»,
misterio entrelazado con la acción espontánea;
el único que transforma al ser condicionado
y finalmente lo libera de su ego degradante.*

*Recuerda siempre que los conocimientos te tienen prisionero;
sé rápido en comprender su natural falta de inteligencia.
Ofrécele todo tu respeto al momento, recíbelo con humildad:
es la puerta que se te abre a las maravillas del mundo infinito.*

El verso es tan elocuente al expresar la claridad, precisión y fluidez de este tema que escribir su versión en prosa resulta más difícil y menos dinámico.

Conocerse a sí mismo está basado en la sencillez del escuchar y el observar, tanto el mundo exterior como el interior — las reacciones de la mente «conocedora»—. Al final, se descubre que exterior e interior son un único movimiento y que la llama de la Atención es el instrumento que los acompaña, lúcido destello de Conciencia Pura, característica de la realidad de nuestro ser.

Gracias a este maravilloso contacto con el fluir de la vida, que establecemos de una manera directa y espontánea, la mente atestada de conocimientos —que se manifiesta como pasado y futuro— queda excluida por completo. El pensar se queda entonces absolutamente mudo. La mente entera se halla en un estado de completa pasividad, en el que no esperamos nada, no hay ningún propósito ni proyección ideal. El orden interior, la armonía psicológica que nace de dentro de nuestro ser, crea una natural totalidad —cuerpo y mente—, una unidad inmutable, capaz de mantener una relación directa con cualquier fenómeno de la vida.

Podemos llamar a ese encuentro el estado de meditación, que se puede hacer realidad en cualquier circunstancia de la vida, tanto cuando estamos solos como cuando, por ejemplo, nos encontramos en medio del bullicio de la multitud.

El punto de partida para la meditación es el silencio, que trasciende la totalidad del ser, llevándolo a un estado atemporal.

La paz del alma —sin desearla ni forzarla, como ya he explicado— nos provee de una mente nueva, con la que integrarnos en la eternidad del momento presente.

En este sencillo estado de «ser», no hay centro desde el que miremos hacia fuera, ni fronteras que nos delimiten. Somos lo Infinito en constante movimiento, revelándonos momento a momento.

Estos encuentros con nosotros mismos hacen que la estructura egotista que nos aprisiona pierda poco a poco resistencia, hasta que al final aparece una grieta en el caparazón del ego que señala el fenómeno de la liberación. Simultáneamente a este afortunado acontecimiento —que llega sin esperarlo, por sorpresa, que no es efecto del deseo ni de la imaginación—, las fragmentadas energías del ego empiezan a escapar por ella y se desvanecen.

De ahora en adelante, la Inteligencia, actuando a través de impulsos intuitivos, guía al ser entero.

Debo mencionar que el fenómeno de la Liberación, el despertar del sueño de tiranía a la que nos tiene sometidos el yo personal, es irreversible, y nos diferencia del resto de nuestros semejantes al darnos una visión de la vida y una mentalidad nuevas.

Más tarde o más temprano, todo habitante de este planeta Tierra tendrá que experimentar este afortunado fenómeno, que representa un punto de inflexión en la espiral de la evolución moral que haya alcanzado el individuo.

A partir de ese momento, su evolución personal cobra un ritmo cada vez más rápido y se experimenta una eliminación masiva de las energías fragmentadas que se han acumulado en nosotros desde tiempos remotos durante nuestra asociación con la materia.

Un día, en un momento que nadie puede predecir, la Chispa Pura, la perfección absoluta, retornará a la Fuente de lo Sagrado de la que descendió millones de años antes a fin de experimentar la dualidad de la materia física.

Antes de acabar, es necesario recordar que cualquier indicación sobre evolución espiritual exige que la pongamos en práctica. Si la practicamos correctamente, tendrá efectos beneficiosos, tanto para nosotros como para el mundo en general.

El proceso de «conocerse a sí mismo» empieza y termina con el destello del momento fugaz. Ofrezcámosle, pues, todo nuestro respeto recibiéndolo con humildad, ya que solo de esa manera nos revelará la belleza de la vida así como los misterios de lo Infinito.

EL PODER DEL VACÍO

La «vacuidad» o «vacío psicológico» es un extraño fenómeno
que aparece espontáneamente en el intervalo entre dos pensamientos.
En cuanto el viejo pensamiento termina su curso y desaparece
—su final es la puerta—, le sigue un silencio natural.

Insiste en estar con él tanto como puedas.
La mente permanece en silencio absoluto, y si
estamos atentos, con conciencia cristalina.
Todos los conceptos, delimitaciones, desaparecen;
somos Uno con lo Infinito.
En la práctica, tenemos una mente nueva, siempre flamante.

En ese intervalo, ¡soy infinito!
Se separan dos mundos: dejo atrás el mundo limitado
y entro en la Infinitud, por la fusión total.
El ser entero está en calma: un destello constante.

No hay tiempo, no hay espacio, solo Eternidad sin fin.
Fluyo en contacto directo con la vida, en un presente perpetuo.

Soy Energía Pura, sin motivaciones.
La sencillez de la existencia nos integra por completo.

Solo en este «ahora» nos encontramos realmente con la Vida;
libres de lo viejo, somos capaces de abrazar lo nuevo.
Pero toda esta belleza se desvanece en
cuanto aparece otro pensamiento,
que llega de la mente conocedora: una grabación del pasado.

Déjale hacer lo único que sabe; no le opongas resistencia.
Recíbelo tal como es, sin ningún propósito.
Con toda certeza, desaparecerá, y volverá a seguirle el «vacío»,
otra oportunidad de encontrarte con él en la práctica.

En esa vacuidad descubrimos el verdadero significado de la Vida;
es la línea fronteriza entre dos mundos:
a un lado, el mundo limitado donde gobierna el ego;
al otro, lo Infinito, donde reina el Amor.

El vacío separa también la Luz de la oscuridad,
el caos permanente —que provocan la lucha,
las contradicciones y conflictos—
del ser armonioso, el equilibrio y la dicha.
El egocentrismo perece por entero al
encontrarse de frente con el vacío.

La Paz, el orden divino, es entonces nuestra naturaleza;
cambia, sin esfuerzo ni voluntad, nuestra manera de ser.
Solo en esta vacuidad psicológica nos hacemos honestos y humanos.
La Pureza de la Energía, de los pigmeos que éramos, hace titanes.

Dejemos que este «vacío psicológico» sea nuestra guía
en toda circunstancia que encontremos en el camino espiritual.
Si no es ese vacío el punto de partida, nos
dejamos engañar fácilmente.
¡Solo al experimentar ese vacío, somos Amor!

La vacuidad o «vacío psicológico» es un extraño fenómeno que aparece espontáneamente en el intervalo entre dos pensamientos. Primero, el viejo pensamiento termina su curso y desaparece. En su final, yace la puerta, y lo que ahora sigue es silencio natural.

Con persistencia, trata de identificarte con ese vacío, hazte uno con él y mora en él tanto como te sea posible. En esta circunstancia, la mente se halla en completo silencio. En ese estado de atención, somos Conciencia Pura. Cuando no tenemos motivaciones ni conceptos, no hay límites: nos fundimos con lo Infinito hasta ser Uno. En este estado de «vacuidad» o «vacío psicológico», tenemos una mente nueva, flamante —que no guarda conexión alguna con la vieja mente que nos ha acompañado hasta ahora— y advertimos que el ser entero permanece en perfecta calma y unido a lo Eterno —que se manifiesta como un destello espontáneo—. Cuando realmente vivimos fuera del tiempo y el espacio, somos Eternidad constante y nos movemos en contacto directo con el movimiento de la Vida, en un perpetuo presente. «Ser», simplemente, significa lograr la «integración total»; somos portadores de una Energía Pura, sin motivaciones.

El verdadero encuentro con la vida solo puede suceder en este perpetuo «ahora». Cuando el viejo ser desaparece, adquirimos la capacidad de abrazar lo nuevo, que el movimiento de la Vida engendra.

La belleza de la vida desaparece al instante en cuanto otro pensamiento, reacción de la mente, invade el presente y enreda su significado. Cuando esto suceda, deja que el intruso siga su curso; no le opongas ninguna resistencia. Sé un simple punto luminoso, un mero testigo de la pantalla de la conciencia, observando en perfecta quietud lo que sucede, sin ningún propósito, meta ni ideal. Cuando nos enfrentamos así al pensamiento-intruso, desaparece espontáneamente, dejando el camino despejado para el momento siguiente.

El verdadero significado de la vida se nos revela solo en el contexto de este vacío, línea fronteriza entre dos dimensiones: a un lado, el mundo limitado donde el ego personal manda; al otro, lo Infinito, donde el Amor y la Belleza crean un clima de felicidad ilimitada.

Este vacío separa, asimismo, la Luz de la oscuridad. Al caos que normalmente encontramos dentro de la mente limitada, provocado por las disputas, contradicciones y estados conflictivos, lo reemplaza un ser absolutamente armonioso que se manifiesta como dicha y felicidad sin fin. Solo en esta circunstancia desaparece el egocentrismo, por el simple hecho de que tomemos conciencia de él.

Esta «nada psicológica» nos hace honestos y humanos. Cambia radicalmente nuestro ser entero, sin esfuerzos, deseos ni estados imaginarios. Representa el abismo, la tumba, donde todas las energías fragmentadas de la estructura egoísta, obsesiva y posesiva desaparecen irreversiblemente.

Utilicémoslo, pues, como punto de partida en toda investigación espiritual. Sin ese vacío, cualquier intento de progreso psicológico solo tendrá como resultado estados imaginarios; será un puro engaño.

Conviene recordar que esta atenta y lúcida pasividad de la mente nos da la oportunidad de conocer el Amor verdadero e identificarnos con la Divinidad.

Cada encuentro con esta «nada psicológica» es un auténtico mazazo que asestamos a la estructura del ego, del cual somos autores y prisioneros. Dependiendo de la frecuencia de los golpes descargados, experimentaremos, más tarde o más temprano, el fenómeno de la Liberación, afortunado acontecimiento que llega completamente por sorpresa. No se puede imaginar, desear, ni esperar que sea recompensa o resultado de una actividad psicosomática dirigida a alcanzar una meta o ideal.

EN CALMA Y RELAJADOS

Todo lo que llegue del interior, así como del exterior,
a modo de reacciones turbulentas, formas imaginarias,
obsérvalo y escúchalo relajadamente en su totalidad y a la perfección,
sin pasado ni futuro. Con una Atención
lúcida, te encuentras con la Verdad.

Ningún residuo de la memoria está presente en este encuentro.
El vacío psicológico es la puerta al Amor infinito.
Indirectamente, de él llega la calma, no por
anhelo, ni como fruto de la imaginación,
sino sencillamente al observar el tumulto del ego limitado,

creado a lo largo del tiempo con residuos ancestrales,
constantemente traumatizado por su impulsiva persecución del ideal.
Lo observamos totalmente, sin ninguna meta,
y este contacto directo nos brinda perfecta quietud.

Esa calma salvaguarda la salud física y mental,
necesidad que intentamos satisfacer constantemente.

Siempre atentos, sin ningún propósito,
simplemente observamos y escuchamos;
la calma llega entonces por impulso propio:
nos integramos en la eternidad.

La calma y la relajación no pueden ser algo que podamos implantar mediante un método preestablecido a fin de cumplir nuestro propósito o alcanzar un ideal. Siempre que el método está presente, la calma es relativa, impuesta por una voluntad bien adiestrada. En tal circunstancia, el esfuerzo tiene lugar dentro de la limitada estructura del ego, confinada por su misma naturaleza.

Para lograr la calma verdadera, no se necesita preparación previa. Podemos lograrla en cualquier circunstancia de nuestra vida, allí donde estemos: en un paraje silencioso y solitario o en medio de una multitud ruidosa.

Una Atención lúcida y omnímoda es el único instrumento necesario, que se nos ofrece de forma espontánea en cuanto presenciamos las reacciones de la mente que aparecen como efecto de los desafíos que la vida nos presenta en su movimiento perpetuo. En la sencillez más absoluta, escuchamos y observamos con total Atención, tanto nuestro mundo interior como las reacciones de la mente y las impresiones que llegan del mundo exterior.

En este encuentro directo, todo lo que ilumina la llama de la percepción consciente desaparece al instante y, en la vacuidad psicológica que sigue, se produce una energía formidable que nos integra en el Amor infinito. Cuando se experimenta este misterio, la calma y la relajación son la consecuencia natural.

Conviene añadir que esta calma, relajación, equilibrio o armonía interior llega espontáneamente como regalo cuando somos testigos silenciosos del bullicio y el desequilibrio interiores y exteriores con una espontánea y omnímoda Atención.

Al observar los movimientos del ego, los rayos de la Atención los hacen desaparecer, provocando asimismo la muerte de su autor. El estado de perfecto silencio interior que así experimentamos nos aporta salud y bienestar duraderos, tanto físicos como psicológicos, y, al fundirse la mente en un clima de Amor, experimentamos una evolución moral.

Para terminar, procuremos ser siempre conscientes de la actividad de la mente, sin perseguir con ello ningún propósito, meta ni ideal. Simplemente escuchemos y observemos con sencillez, ¡nada más! Cuando lo hacemos así, la calma y la relajación llegan por sí solas y, misteriosamente, en esos momentos presentes de auténtica experiencia, nos integramos en la Eternidad y, de la Divinidad, nos llega la felicidad como regalo.

LA IMPORTANCIA DEL MOMENTO

*No hay nada estático, muerto ni inmovilizado
en el Universo entero. Todo está en constante movimiento;
incluso la llamada «naturaleza muerta»
obedece, en su esencia más profunda,
a la misma ley del movimiento intrínseco.*

*Novedad y movimiento van siempre unidos,
son inseparables y lo que crean es único.
El momento —la aguja del reloj— está ahora al servicio de lo Infinito,
integrado y cautivo en la Eternidad; por ello, lo integral es sagrado.*

*El momento es siempre nuevo y, de hecho, siempre creativo.
Por un impulso evolutivo, novedad constante,
en ningún lugar del Universo hay repetición
ni fenómenos estáticos, inmovilizados, petrificados.*

*Si queremos encontrarnos con lo nuevo, eso mismo debemos ser:
sin retornar al pasado, sin atenernos a ningún patrón.
Así, la mente está vacía de nuestro pasado entero,
y ni se apresura hacia el futuro ni pone en práctica ningún método.*

¡Es muy sencillo! Simplemente observa el
momento..., la vida tal como se revela.
Nada se interpone entre nosotros y su movimiento;
el ego intolerante y limitado no interfiere
generando análisis y falsas imaginaciones.

Este encuentro nos lleva a lo Infinito.
En la novedad del momento, nos hacemos eternos.
Espontáneamente, sin embargo, nos desapegamos,
a fin de recibir el momento siguiente.
Nada se acumula, nada se anticipa.

La pureza de la inocencia acompaña al momento presente.
Con cada encuentro directo, el ser es creativo,
nace un mundo nuevo donde la compasión y la justicia
unen sus manos con el Amor, la generosidad y la bondad.

Pero este cambio de «ser» no se realiza por deseo;
pensar no sirve, ni actuar con esfuerzo o voluntad,
pues no son sino prolongaciones del ego,
atrapado en la dimensión del tiempo,
incapaz de provocar una verdadera transformación en su seno.

El instrumento que nunca falla, único por su eficiencia,
es la Atención omnímoda, en estrecha conexión
con el movimiento de la Vida, sin centro ni propósito:
no persigue nada, ni es concentración.

Para comprender la importancia del momento desnudo,
has de ofrecerle todo tu respeto. Olvida los momentos,
los segundos que se sucedieron en el pasado,
meras cenizas de experiencias vivas.
Todo lo que fue está siempre muerto: un
obstáculo para este encuentro directo.

En el Universo entero, no hay nada estático, muerto o in-movilizado. Todo, absolutamente todo, se halla en eter-no movimiento. Incluso en la llamada «naturaleza muerta» reina intrínseca la misma ley del movimiento.

Movimiento y novedad, en perfecta interconexión, se afirman como singularidad. En este contexto, el momento representa la aguja del reloj, que la Infinitud usa para regis-trar el movimiento de la Eternidad. Es siempre nuevo, así como creativo y transformativo, y actúa de manera ascen-dente y progresiva.

Después de estas consideraciones generales, veamos cuál es la actitud real, práctica y lógica que debemos tener respecto al encuentro con el momento, con la vida, la única actitud capaz de realizar una transformación radical en nues-tra estructura psicológica.

Para ser capaces de experimentar la novedad que la vida nos trae en su movimiento, debemos salir a recibirla con esa misma cualidad. Así pues, no retornamos al pasado, a lo que sucedió, ni nos proyectamos en el futuro, soñando con al-canzar una meta imaginaria o con satisfacer un ideal.

Con una mente vacía por completo, lo único que ha-cemos es observar la vida a medida que se revela. Nada se interpone entre nosotros y el movimiento de la vida: ni imágenes, ni opiniones... Basta ese sencillo encuentro directo con el momento para trascender el mundo finito y entrar en lo Infinito.

Y con la misma rapidez, a la velocidad del rayo, nos desapegamos de él, para ser libres de nuevo y estar, por tanto, en total disposición de encontrarnos con el momento siguiente. No anticipamos nada sobre el momento que llega, ni acumulamos nada del ya vivido.

La pureza, la inocencia de la mente, es nuestra compañera inseparable, cuando cada momento nos brinda la oportunidad de «ser» creativos. Esta manera de «ser» —Conciencia Pura— nos permite crear a cada uno de nosotros un mundo nuevo donde el Amor, la belleza, la compasión y la generosidad se hacen realidad e influyen positivamente en la humanidad entera.

Debemos subrayar que los distintos ideales, creencias, deseos y esfuerzos alimentados por la voluntad no logran auténticas transformaciones beneficiosas, ya que todos ellos tienen su origen y están sustentados en el ego, una estructura limitada, incapaz de llevar a cabo cambios radicales en sí misma. ¡Por favor, estate alerta y no pases por alto este hecho!

En la práctica, una mente condicionada por el espacio-tiempo no puede realizar en sí misma cambios sagrados; sus cambios serán meramente superficiales. O se podría decir que toda esa «cirugía estética» no puede sino realzar aún más la importancia del «yo personal» o ego.

El mérito de descubrir este camino equivocado que te aparta de tu verdadero ser es solo tuyo, y exige un serio y comprometido trabajo personal, perseverancia y una dosis muy alta de honestidad cuando te encuentres con las reacciones de tu memoria. No aceptes nada que diga el autor, a menos que tú mismo hayas descubierto la realidad de estos hechos, que, por su propia naturaleza, no se pueden contradecir ni negar.

El instrumento infalible que utilizamos, único por su eficiencia, es una Atención omnímoda que, al encontrarse con la vida, no tiene centro ni límites, y no es ni un propósito ni un producto de la acumulación.

Cada momento de la vida exige que le tengamos todo el respeto que merece la Realidad Sagrada, y eso significa eliminar tanto el pasado caduco como el futuro imaginario e incierto.

LA DICHA

Un sentimiento de contento que envuelve todo el ser.
La dicha es un regalo divino y la fragancia del Amor.
El ser completo rebosa de esa bendición suya.
Cuerpo y mente son uno, en estado de integración.

No puede tal plenitud tener su origen en lo mundano,
en los éxitos, deseos y metas, que definen al ego.
En ese caso, el resultado es la satisfacción,
un estado efímero basado en el logro.

La Gran Dicha tiene su origen en lo Infinito.
Nos encontramos de verdad con ella cuando «somos»:
como seres universales, nos unimos a lo Divino
y trascendemos el «yo» limitado.

Ninguna búsqueda, propósito ni meta nos conducirá a ella,
ni guarda relación con ningún recuerdo de lo que un día nos deleitó.
La dicha aparece espontáneamente cuando somos Uno con Todo:
somos Todo, y Todo está en nosotros, una sola Realidad.

Solo momentos como este transforman al ser
humano y a la humanidad entera;
únicamente entonces aspira el mundo entero a la plenitud.
Todo depende de nosotros —de cada individuo—.
La paz interior nos separa del pasado.

En el clima de armonía, frecuentemente alcanzado,
gracias a una lúcida Atención somos independientes,
como un rayo láser que disipa el caos.
Su simple presencia es, de hecho, la realización.

La dicha es un sentimiento de contento de alta intensidad, desprovisto por completo de una base o una motivación convencionales. No se presenta como dualidad —«la dicha y yo»—, porque ese «yo» ya no puede existir: la dicha acontece en la dimensión de lo Infinito. También podemos llamarla «gracia divina», inspiradora de un respeto reverencial por su conexión directa con la fragancia del Amor.

La dicha no se puede programar ni anticipar con ninguna fórmula. Aparece de un modo espontáneo cuando nuestro ser está incondicionalmente integrado, cuando cuerpo, mente y espíritu se unen formando un «Todo» perfectamente armonioso.

Esta simple unión se integra, de hecho, en el Gran Todo, donde somos Uno con la Divinidad. El sentimiento de «yo», la personalidad, es inexistente, de modo que esta completa ausencia de actividad mental puede llamarse estado de trascendencia, o disolución completa del ego en la Inmensidad de lo Absoluto.

Con frecuencia, confundimos la dicha con la satisfacción, pero esta última guarda siempre relación con una base mundana; un ideal, una meta o un propósito son su estímulo y origen. La satisfacción, asociada con el mundo de lo transitorio, es similar a una transacción, sujeta a la ley de la oferta y la demanda: a cambio de hacer un esfuerzo durante cierto período de tiempo o distancia, esperamos que, al final del túnel, hallaremos el éxito imaginado, así como la satisfacción del logro. Este tipo de acción fortalece y amplifica la dominación del «yo personal», separándonos aún más de nuestra verdadera naturaleza, divina en su esencia y en sus manifestaciones.

Mirémoslo desde una perspectiva diferente. Como ya he explicado, la dicha se manifiesta espontáneamente cuando el intelecto cesa por completo su actividad. Extenderé ahora mis explicaciones a fin de facilitar la comprensión de la práctica correcta del «conocerse a sí mismo».

En el plano físico, no solemos hacer nada por accidente. Cada vez que emprendemos una acción, lo hacemos desde un centro bien definido, conscientes de cuál es nuestra meta, nuestro propósito, así como de los medios que hemos de emplear, y dirigimos nuestra actividad hacia la consecución de la satisfacción deseada; esos medios son el deseo y el esfuerzo, sustentados por la voluntad y los factores del logro.

Todas estas acciones se llevan a cabo, de principio a fin, dentro de la limitada dimensión de la psique humana; el logro, por consiguiente, nos reporta una satisfacción momentánea, que desaparecerá y se disipará un momento después. Así es como se desarrolla el día a día de nuestra existencia efímera, y sus efectos son obvios.

Tenemos ante los ojos el espejo del mundo, que nos invita a mirar. A mirar, ¡eso es todo! La sencillez de este encuentro, sin hacer nada más que eso, nos transforma en pioneros, en fundadores de un mundo diferente donde el Amor y el entendimiento sean los factores transformativos de la comunidad entera.

Empezando por la actividad ordinaria de la mente, que opera dentro del limitado ámbito del mundo físico, hemos llegado al punto crucial, donde lo único que debemos hacer es ser conscientes de lo que sucede en este plano de existencia. ¡Eso es todo! En ese momento de completo silencio, de observación atenta, lúcida y total, sin ninguna meta que lograr en el momento siguiente, hemos alcanzado el estado de Conciencia Pura.

Momentos como este transforman al practicante, le aportan plenitud espiritual, y, a través de él, cambia también a la humanidad entera. Todo depende nosotros, de cada individuo. Tenemos cuanto necesitamos para llevar a cabo esta gran obra de deificar la actual actividad humana, que se halla en conflicto permanente con el movimiento de la Vida, nuevo, flamante a cada momento.

SIN POSIBILIDAD DE ESCAPAR

Cuando el Amor te envuelve, no hay posibilidad de escapar,
pues tú eres limitado y el amor es omnímodo.
Tú, un ego hecho cenizas; el amor, la llama ardiente.
Tú, una mera ficción; el amor, Esencia creativa.

El pensamiento fugaz es la fuente que te mantiene;
nace de lo que ya ha sido, obedeciendo a una programación caduca.
Tú necesitas de la fragmentación para afirmarte,
mientras que el amor aparece momento a momento,
y solo precisa que «seas» para integrarte.

El primer pensamiento que te creó fue un impulso egocéntrico;
todo gira a tu alrededor, obedeciendo a una programación ególatra.
El Amor era, es y será siempre eternidad,
parte de lo Sublime, Uno con la realidad.

El tiempo y la manifestación te sirven de amplificador.
Invariablemente repetitivo, actúas acorde a tu programación.
El Amor está más allá del tiempo…, es una estructura atemporal,
una dimensión diferente, existencial en sí misma.

Tú estás perpetuamente en conflicto contigo mismo,
dividido entre deseos contradictorios.
Tienes, de hecho, muchas caras, todas en esencia igual de feas.
El Amor es armonía, belleza, generosidad.
Es su propio dueño, es claridad perenne.

La confusión y la desesperación, la vanidad y el odio
te siguen como una sombra y crean tu identidad.
El Amor es luz eterna, atención total,
resplandecientes destellos de origen divino.

Todo lo que piensas y haces es en interés propio;
esta es la característica del ego, miope y mezquino.
El Amor es unidad, se basta a sí mismo;
nos colma por entero con su ardiente presencia.

Como ves, no tienes posibilidad de estar cara a cara ante el Amor.
Sé sincero contigo mismo y abandona toda esperanza
de encontrar el Amor Sagrado en su Realidad.
Sé humilde, desaparece por completo… ¡Hazte nada!

No puedes hablar de Amor, dado que es imposible
encontrarte con él de esta manera.
Cuando hablas, son solo palabras huecas;
no haces sino alimentar a tu «yo».
Si te ves como de verdad eres, arrogante y orgulloso,
el silencio te envuelve de inmediato, y, en él,
te transformas en un ser completo.

Ese Ser completo —ahora Amor— es uno con lo Ilimitado,
donde todo está en armonía, gracias a una forma de vivir distinta.
Lo Sagrado, la Fuente de la existencia, afirma que, con pureza,
podemos destruir el ego y vivir en unidad.

Desde el estado de Infinitud —siendo Amor absoluto—, intentamos demostrarle al ego —una estructura finita— su total insignificancia e impotencia cuando ha de hacer frente a la realidad de lo vital. De ahí que, cuando el Amor envuelve al ego, no hay posibilidad de que este salvaguarde su existencia. He aquí los argumentos que demuestran la innegable realidad de este hecho.

El Amor es esencia creativa, una llama omnímoda que se aviva a sí misma. El ego, una mera ficción —nada más que cenizas— siempre limitada por el tiempo y el espacio.

La fuente del Amor reside en la Eternidad. El Amor es inmortal y existe momento a momento, siempre nuevo, creando la integridad del ser.

Mientras que el ego se alimenta del pensamiento fugaz, y tanto él como su fuente se afirman manifestándose como fragmento y división.

El Amor era, es y será siempre Eternidad, parte intrínseca de lo Sublime, Uno con la realidad.

El «yo» cobró existencia como resultado de un pensamiento egoísta, que sigue creando su continuidad y, mediante la repetición, programó su naturaleza egocéntrica.

El Amor está fuera del tiempo y el espacio, y no tiene causa. Pertenece, por tanto, a una dimensión diferente y afirma su existencia a través de sí mismo, mientras que el ego –creado por el espacio y el tiempo– incrementa su condicionamiento con sus interminables repeticiones y su programación imaginaria.

El Amor es belleza, generosidad y armonía perfecta; al ser dueño de sí mismo, actúa con luz y claridad.

Viviendo como ego, estás siempre en conflicto contigo mismo a causa de los deseos contradictorios; tienes muchos rostros, y todos expresan la misma brutalidad característica del «yo personal». La confusión, la desesperación, la vanidad y el odio te siguen como una sombra y definen tu identidad.

El Amor se manifiesta solo como luz y, a través de destellos y chispas de pureza divina, sublima el clima psíquico y hace que incluso la más leve forma de sombra y oscuridad desaparezca. El Amor se muestra como unidad y alimenta nuestro ser entero por su simple presencia, mientras que tú, viviendo como «yo personal» –con todo lo que piensas, sientes o haces– persigues un propósito o interés egoísta. Tu naturaleza, creada con la imaginación, te define como una entidad mezquina, fea, ambiciosa, codiciosa y arrogante.

Todos estos argumentos te harán ver por ti mismo que no tienes posibilidad de estar cara a cara con el Amor. Si eres incluso remotamente sincero contigo mismo, abandonarás toda esperanza de encontrar Amor Sagrado. Sé humilde, ¡sé nada! De momento, no puedes conocer el Amor, y ni siquiera hablar de él, en ninguna circunstancia. Y si a pesar de todo lo haces, serán solo palabras huecas, carentes por completo de realidad práctica.

Pero si ves tu vanidad y tienes un verdadero encuentro contigo mismo, en ese feliz momento «tú» desapareces y, en el silencio que sigue de modo natural, el ser entero se transforma en una unidad plena. En este estado, el Amor se manifiesta plenamente, unido a lo Ilimitado.

Lo Sagrado —fuente de todo cuanto existe— nos ofrece a todos la oportunidad de disolver el ego y, como seres completamente libres, vivir en unidad y felicidad completa. De hecho, esta es nuestra auténtica naturaleza.

EL OYENTE

Todos llevamos en nuestro interior un astuto oyente:
un intruso arrogante, fastidioso y gruñón,
y su presencia obstruye el escuchar, que es pureza,
comprensión completa, clara serenidad.

Cuando se produce el escuchar verdadero, el ser entero está pasivo,
atento, totalmente perceptivo, silencioso y, por tanto, inactivo.
No hay expectativas, nada que lograr.
En su integridad, solo un escuchar alerta.

¿De verdad es posible experimentar tal estado?
Encontrarás la respuesta en tu interior, tras persistentes intentos.
No desesperes jamás, pues están escritas en cada uno de nosotros
infinitas posibilidades, claras, certeras y precisas.

No abrigues ninguna duda, pon toda tu energía
en este crucial cometido. No rechaces
nada de lo que oigas. Recíbelo todo
con el ser abierto... ¡Sé uno con lo que escuchas!

Si lo que oyes es falso, la falsedad no te afecta;
pasa de largo sin hacerte ningún daño.
Si lo que oyes es la Verdad, en ese momento sublime
se abre una grieta en el muro del «yo» y, en
ti, se vislumbra un momento de luz.

Cuando perseveras en el escuchar, el viejo ser
humano empieza a desmoronarse,
y un día —por sorpresa— todos los misterios se revelan.
Cuando el individuo se libera, alcanza la Inmensidad,
la Realización Suprema: es uno con la Totalidad.

Surgen dos preguntas naturales: ¿cómo cobra existencia el oyente?
y ¿cómo crea luego esa manera errónea de escuchar?
El oyente, en realidad, es una ficción que se deriva automáticamente
de los procesos de pensamiento del «yo personal».

Fíjate en la importancia exclusiva que se concede a sí mismo,
y el desdén y la arrogancia con los que contempla el mundo.
«Cuidado, alguien habla». Y él inmediatamente se entromete
y distorsiona el sentido de las palabras. El escuchar termina.

Cuando hay un oyente que critica y acusa,
el individuo escucha a su «yo» y actúa a través de su «yo».
Se rompe la conexión; todo encuentro está vacío,
y así es imposible descubrir la Verdad o el Amor.

Sabiendo esto, surge ahora otra pregunta:
¿cómo escapar de su influencia?

Cada vez que aparece, míralo de frente
con atención total, sin ningún propósito imaginario.

Ese silencioso encuentro frontal lo disuelve, por completo.
Lo que ahora queda es puro escuchar, integrado en el presente.
Escuchar y observar no son distintos;
operan de la misma manera en toda circunstancia de la vida.

Para poder explicar con más claridad lo que es el «oyente», voy a hablar primero de lo que significa escuchar, ya que se puede asociar con observar y tratarse del mismo modo.

El auténtico escuchar nace de la pasividad incondicional de la mente, con el corazón y el ser completamente abiertos y receptivos. No anticipamos ningún ideal y, por consiguiente, no hay expectativas de lograr ningún resultado.

La Atención lúcida, omnímoda y espontánea es el único instrumento que nos ofrece la posibilidad de disfrutar debidamente de esta experiencia. Intelectualmente, tanto explicar como entender lo que es escuchar resulta fácil. Poner en práctica esta sencilla acción puede suponer, sin embargo, hacer frente a diversas dificultades, pero, con un poco de persistencia, es posible superarlas fácilmente. Todo individuo tiene la capacidad de hacer realidad esta postura psicológica, absolutamente necesaria en la aventura de conocer nuestro propio ser.

Así pues, escuchamos y observamos, con plena atención, tanto el movimiento del mundo exterior como el mundo de los pensamientos, imágenes, emociones... La simplicidad del contacto con todo lo que oímos y vemos crea la pasividad de la mente.

En este estado de quietud, el ser entero, en perfecta unidad, en un estado atemporal, observa, escucha y comprende a la perfección, al vivir plenamente la experiencia y no crear ningún bagaje de recuerdos. De esa comprensión, nace espontáneamente una acción transformadora que deja sin autoridad al ego personal.

Pondré un ejemplo del escuchar que te ayudará a entender muy claramente su esencia. Imagina que estamos escuchando a alguien que habla y habla sin parar, contando sucesos de toda índole: buenos o malos, hechos reales o imaginarios, verdades y mentiras, atendiendo a la programación que rija la mente de esa persona. Todo ello fluye a través de nosotros, como el agua de un río, sin encontrar ningún obstáculo. Es una manera sencilla de escuchar: la mente, atenta y lúcida, se halla en un estado de pasividad. Pues bien, lo que sea verdad nos obligará a vivirlo y percibir su realidad; lo que sea falso pasará de largo a través de nosotros sin afectarnos en modo alguno.

Y ahora volvamos al tema de este poema: el oyente.

En el momento, como el desafío de la vida nos exige un estado de atención, ¡aparece el intruso!, un intruso que analiza, juzga, interpreta lo que oye y ve según sus propios conocimientos acumulados, provenientes de la cultura, experiencias, sucesos pasados... A causa de esta aparición del oyente y su actividad continua, resulta imposible escuchar debido a que, estimulado por viejas experiencias y conocimientos, con su interpretación distorsiona la dinámica frescura de la vida, constantemente cambiante, nueva a cada momento.

Por esta indeseable intrusión, somos incapaces de encontrarnos ni con la belleza de la Vida en su eterno movimiento ni con el Amor creativo y sus inestimables riquezas.

También debido a esta indeseada ficción, se nos niega la capacidad de encontrar la felicidad sin causa, a la que, consciente o inconscientemente, aspira todo habitante del planeta Tierra.

Surge por tanto una pregunta natural: ¿qué tenemos que hacer para estar fuera de este callejón sin salida? ¡Nada, o casi nada! Identificados por entero con la llama de la atención, simplemente escuchamos y observamos el movimiento de esta ficción, sin proponernos alcanzar ninguna meta.

El simple encuentro cara a cara con este fastidioso intruso lo desintegra espontáneamente sin dejar rastro, y, en el vacío psicológico que sigue de inmediato, nos atrae hacia sí la esfera de lo Absoluto, donde nos fundimos y somos uno con ella, descubriendo así la divina realidad de nuestro ser.

Explicaré el tema desde un ángulo diferente: son las reacciones de la mente condicionada, bajo el nombre de «oyente» o «conocedor», las que ponen en marcha el «conocerse a sí mismo». Sin embargo, en cuanto se le confronta con la llama de la atención, el intruso se disuelve al instante y, en el vacío que así se crea, lo único que queda es puro escuchar, u observar, omnímodos. En esta circunstancia, nos manifestamos como estado de Conciencia Pura, atemporal y sin causa.

CONOCER NO TIENE LÍMITES

Si la vida es movimiento, novedad a cada instante,
conocer tiene, también, la misma cualidad.
Lo Ilimitado envuelve a ambos.
Están íntimamente conectados en su
expansión del ser hasta lo Infinito.

En todo contacto con la existencia en movimiento,
encontramos la Eternidad cuando cada momento muere,
dejando el camino libre para el momento siguiente.
Así, nos hallamos siempre en un estado de Atemporalidad.

Si lo Eterno no estuviera ya en nosotros,
no conoceríamos la Eternidad.
Está presente en nosotros siempre que permanecemos en armonía.
La Atención es el instrumento, la herramienta divina,
que con su rayo de luz disipa todo el caos.

En cada encuentro frontal con el ego y sus limitaciones
lo trascendemos, sin esfuerzo, fusionándonos con la Gran Infinitud.

Así pues, conocer nos transporta eternamente a lo Ilimitado.
Ese es su propósito, que cumple con naturalidad.

Finalmente, el ego perece y lo Sagrado se libera:
retorna al Origen, donde se integra con el Todo.
«Conocerse a sí mismo» pierde entonces su significado;
sin «sí mismo», ¿qué se puede conocer?
Todo lo que era ha desaparecido.

Observando de esta manera, todo llega a su
fin por sí solo, sin ningún esfuerzo.
El camino es largo y el sendero, estrecho.
Nuestro deber es encontrarnos con lo Ilimitado en el momento
para desintegrar el ego y sus engañosas fantasías.

Ese es nuestro destino mientras vivamos en esta Tierra:
destruir incesantemente los lazos que nos atan al ego
—el cual nos tiene prisioneros desde tiempos inmemoriales—
y abrazar el ritmo de la vida, integrados en el momento.

En el «conocerse a sí mismo» solo cuentan los hechos reales y ciertos, accesibles a todo ser humano por su capacidad natural de entendimiento.

He aquí un primer hecho relacionado con este tema: la vida se manifiesta como realidad en perpetuo movimiento y, por tanto, como novedad momento a momento. De ahí que la vida, por la cualidad de su propia existencia, sea por naturaleza movimiento y originalidad que nunca se repiten.

Y conocer dicha vida solo puede tener las mismas características; por eso, ambas se fusionan en la esencia de lo Infinito.

De este modo, si el encuentro con la vida es real, en ese momento nuestro ser se integra en la Eternidad. E inmediatamente después, se desapega, dejando a la conciencia libre para un nuevo contacto con la vida, cuya frescura y movimiento son diferentes a los del momento anterior.

Si la Eternidad no estuviera ya dentro de nosotros, sería imposible este encuentro con lo Ilimitado y eterno. Es una afirmación que se puede demostrar de inmediato en la práctica.

Basta con afrontar cualquiera de las reacciones de la mente con nuestra atención omnímoda para verlas desaparecer. Este estado de «ser» representa la comunión entre nuestro ser íntegro y lo Absoluto.

Así pues, conocer —aplicado de esta manera— nos conduce a lo Ilimitado, en lo que nos fundimos espontáneamente; y este es el propósito de nuestra existencia en la Tierra.

Dependiendo de la pasión que sintamos por la verdad, tras haber vivido un largo período a caballo entre ambas dimensiones —el mundo físico y el astral— y tras una sucesión de vidas, las energías del ego se eliminan. En este afortunado acontecimiento, lo Sagrado que hay en nosotros retorna a la Fuente de Luz desde la que, hace millones de años, inició su difícil viaje a fin de experimentar el mundo de la materia.

A partir de este momento, «conocerse a sí mismo» ya no significa nada, puesto que el «yo personal», el generador de todas las causas que nos han traído una y otra vez a este mundo de la forma, ya no existe.

El camino es muy largo, no obstante, y al principio el sendero es muy estrecho; pero la sed, diligencia y pasión de la persona que, dando traspiés, descubre esta verdad lo ensancha, a base de practicar día y noche, sin un momento de descanso.

Mientras vivamos atados a esta Tierra con el cuerpo, no puede haber logro más valioso o útil que el de ser libres de la esclavitud a la que el ego nos tiene sometidos. Por su sencillez, conocernos a nosotros mismos está a nuestro alcance, y nos invita a que hagamos uso de ello con toda confianza. El engaño ha durado ya bastante, y sus resultados son demasiado obvios para seguir escondiéndonos e ignorándolos.

A comienzos de este tercer milenio, la realidad requiere una estricta revisión de todas las prácticas que han conducido a la humanidad a su actual estado de caos.

Nuestros tiempos exigen que adoptemos una postura diferente ante la vida, en la que el Amor y la Inteligencia —como resultado del descubrimiento personal— puedan manifestar su benéfica influencia para que todos los seres humanos encuentren lo Divino que mora en su interior.

LA LUCHA DEL EGO

No es fácil demoler, disolver su estructura;
se formó hace muchos siglos, y tiene un caparazón muy duro.
La violencia, la astucia y el odio son sus características principales
y un egocentrismo feroz, su compañero permanente.

No puedes combatirlo empleando la voluntad o la fuerza,
pues la voluntad es el ego mismo, una forma de alimento:
cualquier esfuerzo lo fortalece y le da más energía,
el ser humano resulta aún más poseído y
la degradación es todavía mayor.

Ni las esperanzas, ni los ideales, ni las creencias fraudulentas
contienen las semillas del cambio y la renovación;
todos ellos son afirmaciones del ego,
capaces de darle «vida», una distorsión de
la realidad más formidable aún.

Solo un sencillo encuentro con el ego lo debilita,
un encuentro directo, en el momento,

sin metas ni expectativas:
¡simplemente escuchar y observar toda su actividad!

Cuando el ego empieza a derrumbarse, su seguridad se tambalea
y, furioso, lamenta su sino.
Con astucia, intenta entonces demostrar continuamente
qué antinatural resulta que el ser humano esté integrado.

No escuches nada de lo que diga, no le creas.
La sencillez del encuentro disipa su poder.
Observándolo y escuchándolo persistentemente, sin cesar,
su fuerza interior va siendo cada día más exigua.

Encontrarse con él de frente momento a momento
es para el ego un auténtico mazazo
que finalmente agujereará su muro y su baluarte.
Y todo es más sencillo, cuando sus energías fragmentadas
empiezan a disiparse y a desaparecer...

Día y noche, sin cesar, la conciencia está vacía
y, al fin, la Chispa pura termina su viaje.
Completamente libre de su férrea prisión
retorna triunfante a la Inmensidad Sagrada.

No resulta fácil combatir y disolver el ego, que aterroriza nuestra vida entera. Se formó hace miles y miles de años, y destaca por su tenacidad y salvajismo cruel. La ambición, la codicia, el orgullo, el odio y la violencia son sus rasgos principales, y su persistente meta es satisfacer su egocentrismo despiadado.

Cualquier confrontación directa con el ego está destinada a fracasar, pues el deseo, la voluntad y el esfuerzo, o cualquier clase de lucha, son precisamente sus características, que no hacen sino estimular su actividad. En cuanto a la esperanza y la fe, son también manifestaciones del ego, al igual que todo lo que imagina como propósito o ideal que se desea alcanzar.

A fin de evitar toda ambigüedad o sombra de duda, voy a explicarlo con más detalle. Una voluntad bien adiestrada o una fe inquebrantable, por ejemplo, pueden crear algunos cambios en la estructura mental, que es de hecho el ego, pero se trata de meros cambios estéticos, superficiales; su núcleo sigue siendo el mismo, más degradado aún, pues adopta la engañosa máscara del hipócrita, que intenta camuflar su fealdad interior.

Tras haber probado la mente individual —insatisfecha consigo misma— todo tipo de métodos, análisis y fes a fin de provocar en sí misma algún cambio de comportamiento, al final se da cuenta de su propia impotencia y se niega a dar un paso más. Y, en ese estado de pasividad, la clave para trascenderse a sí misma se revela de repente.

En silencio, una mente nueva, inmensa, ilimitada, acompañada de energía y luz puras, envuelve todo nuestro ser. A partir de ese instante, todo movimiento del ego se disipa automáticamente sin intervención alguna del que lo experimenta.

La inactividad de la mente, la atención lúcida y la sencillez de nuestro encuentro con el movimiento de la vida representan, de hecho, la muerte del ego.

Ahora bien, en cuanto el ego ve peligrar su autoridad, se afana en su actividad con tenacidad redoblada. A veces se vuelve violento, a veces se arrepiente de ello y, luego, con astucia, intenta convencernos de la absoluta inutilidad de recorrer este camino. No para de decirnos que integrarnos en lo Infinito es antinatural, y que el placer y la satisfacción personal son más apropiados para la naturaleza humana.

A todas estas tentativas suyas, respondemos con un rotundo NO. No le hagas ni la menor concesión, por muy conmovedoras y convincentes que sean su actitud y sus intervenciones.

La sencillez del encuentro con el caótico movimiento del ego es un auténtico mazazo para el baluarte que conserva su contenido y sus energías siempre fragmentadas.

Un día, imposible de predecir, su muro de protección se resquebrajará, y será el principio de la liberación o el Despertar. Por esa grieta, el contenido de la vasija, que mantiene sus valores falaces y su larga existencia imaginaria, empieza a escaparse y se disuelve.

Finalmente, la Chispa Pura —verdadera naturaleza del ser humano—, liberada de las sucesivas capas de materia, retorna victoriosa a la Fuente Divina, a su hogar.

QUÉDATE QUIETO UN MOMENTO Y PREGÚNTATE

Quédate quieto un momento y pregúntate:
¿por qué corres hacia el pasado?
¿Qué sentido tiene revivir momentos que ya se han ido?
Nada que sea viejo tiene valor en el presente.
No es sino una fantasía, vacía y engañosa.

¿Por qué corres hacia el futuro? ¿Crees que es nuevo?
No es más que otro engaño; su fuente: el mismo ego.
La proyección hacia el futuro es también vieja;
proviene de la misma fuente: el bagaje de recuerdos.

Así pues, ni recrearnos en el pasado ni aventurarnos
hacia el futuro nos servirá de nada;
a través de ellos, nunca se revelará lo Sagrado de la vida,
que es siempre novedad a cada momento que llega
y nos exige que salgamos a su encuentro con
la misma frescura en la mirada.

Seamos conscientes de nosotros mismos todo
el tiempo, de nuestro pensar errante,
absurdo y egoísta en su mecanicidad,
que continuamente quiere revivir los instantes en los que disfrutó
y desterrar los momentos desagradables al pasado remoto.

La vida, en su fluir, nos trae alegría y dolor;
llegan juntos, como es fácil comprobar allí donde miremos.
Si nuestra visión está distorsionada y no es esto lo
que vemos desde nuestra cárcel particular,
el culpable es el mismo «yo» y sus engañosos valores.

Lo originalidad de la vida solo se puede abrazar de una manera:
siendo conscientes de nosotros mismos sin
ningún propósito en mente.
Ser energía pura, abierta al momento presente,
es la única manera de encontrarnos con la Realidad Absoluta.

En ese estado, permanecemos receptivos a todo,
sin ningún miedo ni exceso fomentado por el ego.
El ser humano es sabio cuando, libre de su «yo»,
se hace uno con lo Infinito mediante la no acción.

El encuentro secreto llega con la mayor sencillez.
Al eliminar todo lo que fue, vivimos en lo nuevo.
Con mente despejada y lúcida observamos todo lo que llega
en su movimiento natural; y somos la Divinidad Eterna.

El hecho de que podamos funcionar como seres completos, presentes en el momento que llega, depende de que tengamos una comprensión correcta de la vida.

Dado que nuestro estado natural es fluir y actuar como un todo completo —cuerpo y mente en perfecta unión—, precisamente por esto, es necesario que continuamente le preguntemos a la mente inquieta, que vaga sin rumbo: ¿por qué corres hacia el pasado? , ¿qué sentido tiene revivir momentos muertos? Todos esos hechos y sucesos fueron una vez experiencias reales y vivas, pero cuando se las recuerda en el presente —ahora meras imágenes—, están vacías, son un puro engaño, y por tanto no tienen ningún valor.

¿Y por qué corres hacia el futuro? ¿Crees que proyectarte en el mañana es una novedad? Te equivocas por completo; no es más que otro engaño, cuya fuente es igualmente la estructura del ego. Proyectarte en el futuro es igual de viejo, ya que se origina en el mismo bagaje que arrastra la memoria.

Así pues, tanto el pasado como el futuro son estados ilusorios; en el presente, son meros anacronismos que nos impiden entender la realidad de lo vital, de la originalidad absoluta momento a momento.

¿Cómo podemos liberarnos del pasado y el futuro? ¡Es muy sencillo! Con una atención lúcida, global, observamos las reacciones de la mente sin perseguir ninguna meta o propósito. Todo lo que afrontamos de esta manera, desaparece; y en el vacío que surge espontáneamente, tenemos a nuestro alcance energía ilimitada que nos permite comprender la Realidad absoluta por experiencia propia.

En este estado adquirimos una gran sensibilidad, y todo lo que la vida engendra en su fluir natural lo contemplamos y lo apreciamos con amor y bondad.

El ser humano es sabio solo cuando, separado de su «yo» egoísta, en la no acción y pasividad mental consciente está unido a la Infinitud.

Misterioso encuentro, al que acompaña la sencillez. Una vez que el pasado ha desaparecido, vivimos integrados en el ahora y, con mente clara, lúcida, observamos todo cuanto llega como frescura y originalidad constantes momento a momento.

Para terminar, acordémonos de que es necesario que nos preguntemos a nosotros mismos continuamente si, en el momento presente, somos o no somos un ser completo.

La idea de viajar al pasado o al futuro fragmenta nuestro ser, pero basta con desenmascarar las intenciones de dicha idea para que desaparezca. Solo entonces somos una persona completa y vivimos y actuamos como un ser inteligente; con nuestro acto de vivir, creamos otro mundo, diferente de este en el que la humanidad vive por el momento.

EL MISTERIO DEL SILENCIO

La vida es como un río cuyas aguas se renuevan a cada momento en su fluir constante, determinado por la Ley Universal del movimiento. Se origina en la eternidad, y hacia la eternidad fluye en un proceso de cambio perpetuo.

Nada ni nadie puede detenerlo ni cambiar su curso natural, que su propia realidad determina.

Si lo que acabo de decir está en consonancia con la verdad innegable, me pregunto: ¿qué relación tenemos con la vida? ¿La consideramos algo separado de nosotros, simplemente tumbados en la orilla, meros espectadores, viendo correr el río? ¿O nos zambullimos en sus aguas y fluimos con él?

Cuando estamos integrados en la vida, cuando somos uno con ella, contemplamos todos los sucesos tal como llegan, sin oponer resistencia. No queremos nada salvo «lo que es», de hecho, en cada momento.

En la quietud que sigue de modo natural al silencio de la mente, recibimos de la vida impulsos intuitivos sobre lo que tenemos que hacer para abrazar como corresponde el momento que llega.

Así, nuestro encuentro con el presente vivo y activo es un movimiento sin causa, del que el «yo», con todo su condicionamiento, está ausente.

Este sencillo y espontáneo encuentro directo es el único modo de entrar en contacto con la Verdad.

En esta circunstancia, la movilidad y la originalidad de la vida nos guía con sabiduría. El ego ha desaparecido por completo; no hay ni deseo, ni aspiración, ni ideal.

La persona sabia vive solo en el presente, contenta con todo lo que la vida crea y manifiesta, sin aspirar a nada distinto de lo que tiene en cada momento.

La riqueza y el encanto de la existencia consisten en esa completa y pura felicidad que emana de la quietud de la mente y que, con cada impulso de Amor transformativo, inunda todo nuestro ser.

★★★★

Si el ser humano descubriera la realidad de su propio ser, todos los problemas se resolverían de la manera más feliz posible, y las relaciones interhumanas crearían un auténtico paraíso en este planeta.

Cuando soy perfectamente consciente, veo con claridad la vacuidad de este mundo y mi mente se queda en silencio. No tengo elección, ni siquiera en el nivel de entendimiento de esta mente limitada. En el silencio que sigue, el misterio nos revela por sí solo sus secretos.

El ser entero se expande hasta lo Infinito, y una luz como nunca antes habíamos experimentado nos envuelve y nos sana. Fuera del tiempo y el espacio, tenemos una Conciencia Pura, en perfecta unión con el Ser Supremo.

Todo esto demuestra que la Vida que hay en nosotros es, por su esencia, inmortal. No tiene principio ni fin, y nunca duerme, lo cual significa que está siempre despierta.

Este es el resultado final de la práctica correcta del «conocerse a sí mismo».

★★★★

¿Cómo podría esta pequeña concha que es la mente humana abrazar y comprender la inmensidad del océano de Energía Cósmica?

Sin embargo, el ego tiene el atrevimiento de asegurar insistentemente que sabe lo que es Dios, lo que es el Amor creativo, la inmortalidad, etcétera.

Y no solo eso, sino que además formula e incluso ofrece soluciones para abordar y resolver los grandes problemas que acechan a la humanidad.

Este ego no quiere darse cuenta de que es su propia presencia la causante de toda la tragedia y el sufrimiento que asolan la faz de la Tierra. Él es el principal y único enemigo del ser humano, pues su movimiento ficticio, caótico y engañoso genera y perpetúa la desdicha y el dolor humanos.

Pero cuando un rayo de luz, que emana de la Conciencia Pura, atraviesa el limitado caparazón de la mente y pone en evidencia su gran farsa, con humildad esa mente se queda en silencio.

★★★★

He pasado muchos años perdido, vagando, buscando a tientas, probando distintas prácticas, acumulando información... Me he aventurado también por caminos que no conducían a ninguna parte, auténticas estupideces.

Por eso a ti, amigo mío y compañero de viaje, te ofrezco esta posibilidad de, mediante la experiencia directa, descubrir desde el principio la manera directa de encontrarte con la Verdad.

Depende solo de ti conocer esta Realidad, que excluye categóricamente la dualidad egotista. Y los medios que has de utilizar para conocerla son una atención omnímoda, observar y escuchar.

Observa todo lo que aparezca en la pantalla de la conciencia superficial: pensamientos, imágenes, deseos, miedos... La sencillez del encuentro los disipa espontáneamente, y disipa asimismo la estructura del ego en su totalidad.

Al instante, olvidamos el éxito de ese momento y, limpios y vacíos de nuevo, nos abrimos al momento siguiente. Así eliminamos, uno a uno, todos los traumas psicológicos que nos ha causado la existencia.

Solo así eres, de verdad, dueño y señor de tu vida, al tiempo que perece la ficción egoica.

✦✦✦✦

Como también yo estuve en un tiempo dominado por distintos patrones de pensamiento, entiendo perfectamente a mis semejantes, condicionados por la conciencia social del entorno en el que nacieron y la educación que han recibido. El fanatismo de los fieles religiosos, la arrogancia del filósofo y el ego del metodista son tan solo algunos de los patrones de pensamiento que es difícil abandonar, pero no imposible.

¡No generalicemos estas dificultades aparentes! En los diálogos con distintas personas interesadas en «conocerse a sí mismas», muchas veces he oído decir: «¡No puedo conseguir ese sencillo encuentro conmigo mismo!». Ese «no puedo», mera reacción del ego, nunca debe pronunciarse, pues el simple hecho de aceptar que es así nos hace impotentes.

★★★★

¿Puede la mente pensante estar en silencio, como una flor de par en par abierta que se deja envolver por los rayos del sol y, a la vez, cuando es necesario algún tipo de comunicación, responder de modo natural con la totalidad del ser?

De hecho, esto es lo que la vida exige de nosotros sin cesar: que respondamos solo cuando la respuesta es necesaria; el resto del tiempo, el ser debería estar en silencio y observar con absoluta serenidad.

★★★★

La iluminación es un fenómeno sorpresa, que abre en el ser humano la puerta a la grandeza divina y que viene acompañado de dos cambios sustanciales: el desmoronamiento del ego y la trascendencia del ser, del mundo finito a lo Infinito.

Este afortunado acontecimiento no es producto ni de los conocimientos que la mente atesora, ni de la imaginación, ni del esfuerzo o la voluntad empleados para cumplir un propósito o alcanzar un ideal.

Nadie puede ofrecernos la iluminación. Ningún santo, maestro ni profesor puede dárnosla de ninguna manera ni bajo ninguna forma o aspecto.

La iluminación es el premio a tu trabajo contigo mismo, y el vacío psicológico representa tanto el punto de partida como la compleción de cada acción.

Una vez que has descubierto la vida verdadera, te transforma y, con ello, transforma a la humanidad entera, ya que en el Gran Todo —esencia real por sí y a través de sí mismo—, todo cuanto existe forma una única masa compacta, homogénea; por consiguiente, la transformación de una parte influye en la totalidad.

EL ESCUCHAR PURO

No es nada fácil escuchar con pureza;
semejante hazaña exige mucha sencillez.
Ningún pensamiento, deseo, propósito, sentimiento o imagen
tiene razón alguna para existir en la fluida corriente de nuestra vida.

La mente está en silencio absoluto, desapegada del pasado.
El conocimiento, ya desde el primer
momento, pierde su importancia.
El ser entero es una llama, que irradia su luz
hasta fundirse con lo Ilimitado. Todo se integra,
y es así Uno completo e indisoluble.

No hay «yo» y el escuchar, pues toda dualidad está excluida.
La muerte del ego es el secreto para encontrarse con la realidad.
De hecho, somos escuchar puro, la esencia misma del escuchar,
y los sonidos lo atraviesan sin encontrar resistencia.

Un estado de superconciencia y atención absoluta,
quietud sagrada, en orden perfecto.

Dicho de otro modo, es la «nada psicológica»,
el oído que escucha y entiende directamente.

En tal estado, nuestra vida ha cumplido su propósito intrínseco.
Todo lo que «es», así como lo que llega, a través
de nosotros consuma la perfección.
En total abandono, el ser está completamente abierto
y lo abarca todo en sí: de ahí, un entendimiento perfecto.

Al encontrarse con la realidad del momento,
el individuo descubre, por experiencia propia, la vida verdadera,
en la que no hay ni contradicciones ni complicaciones,
y todo se acoge tal como llega, sin reacciones ni traumas.

Sin grandes esfuerzos, simplemente estando atentos,
hemos descubierto nosotros solos que,
en cuanto eliminemos el pasado —todo lo que
hemos acumulado a lo largo del tiempo—,
con una mente nueva por completo
abrazaremos solo lo que es nuevo,
que no necesita para afirmarse sino lo que es, en esencia.

Del mismo modo, observamos. No hay diferencia alguna:
se produce el mismo fenómeno, integrado en nuestro ser.
Observando y escuchando de esta manera,
en un momento trascendemos lo conocido y
entramos en una realidad diferente.

Espontáneamente, somos inmensos, parte de la Eternidad.
En esa unión perfecta, la personalidad ya no tiene cabida.

La Felicidad llega como regalo del Gran Amor,
y la Pureza es testigo de esta gran Liberación.

No resulta fácil en absoluto escuchar con pureza de mente, ni los ruidos que nos llegan del mundo exterior ni los movimiento causados por nuestro mundo interior.

En la pasividad de la mente, los conocimientos pierden desde el primer momento su importancia, y no hay, por tanto, razón alguna para alimentar ningún pensamiento, deseo, propósito, emoción ni imagen. El ser entero, atento y lúcido, es como una llama radiante de luz, que se extiende hasta lo Infinito.

En este experimento directo, no hay dualidad, no existe un «yo» que escuche separado del escuchar. Somos escuchar puro, donde el «yo», el oyente, está ausente por completo, y los sonidos que lo atraviesan no encuentran ninguna resistencia.

También podemos llamar a este estado «estado de Conciencia Pura», «Nada psicológica» o simple oído, contento sencillamente de escuchar y nada más.

En esta circunstancia, la vida se nos revela y nosotros, seres completamente abiertos, la abrazamos y entendemos su verdadero valor. La realidad del momento nos muestra la vida verdadera, y la aceptamos tal como llega —como algo inevitable—, sin reacciones ni traumas psicológicos.

Así, descubrimos que, al eliminar el pasado —el cual traemos al presente en forma de recuerdos—, tenemos una mente nueva, y con ella acogemos solo aquello que es absolutamente nuevo, dado a luz por el movimiento de la vida.

De la misma manera, observamos. Y al escuchar y observar así, nos integramos en la Eternidad, a la vez que sacrificamos la personalidad.

En esta atmósfera de pureza, todo nuestro ser rebosa de Amor absoluto, un amor que nos ofrece el regalo más precioso que pueda recibir el ser humano que vive atado a este mundo: la felicidad ilimitada y sin causa.

UNA LLAMA ARDIENTE

¿Qué haces ahora mismo? ¿Dónde te encuentras en este momento?
¿Te estás moviendo? ¡Párate, quédate quieto!
¿Hay alguna idea que te preocupe? ¿Has entrado en su juego?
¿O acaso, por pura apatía, te has ausentado
de la realidad del presente?
He aquí algunas preguntas que debemos
hacernos a diario, ¡persistentemente!

A fin de encontrarnos con la Vida en su perpetuo movimiento,
siempre nueva, sin repetirse jamás,
empezamos a partir de «ahora» —eterno, independiente,
libre del ayer y del mañana— un constante acto de vivir.

El ser humano que está libre del pasado, perspicaz, lúcido y alerta,
fluye igual que la Vida, siempre en el presente,
como una llama que arde sin cesar,
que se renueva continuamente por su observar constante.

La llama que devora los viejos residuos, ancestrales,
es Atención omnímoda. Todo lo que el ser humano encuentra
en su viaje lo percibe en el ahora.
La Atención regenera nuestras energías, nos hace un ser completo.

No tenemos otra manera de renovarnos y progresar.
¡El momento revela el misterio y da significado a nuestra vida!
Si no estás siempre en el presente, el sentido
de la vida se te pasa por alto.
Tu camino está continuamente obstaculizado
por fórmulas imaginarias.

Cuando la Llama-Atención arde continuamente en nuestro interior,
disipa y desintegra todo lo que es feo y antinatural,
el bagaje de falsedades que arrastra consigo la mente embustera,
obsesionada con evaluarlo todo en función
de lo que ella misma aparenta ser.

Nunca nos perdemos en la espesura de la Vida
cuando la Llama permanece encendida,
pues la mente está iluminada.
Si lo que digo encuentra algún eco en ti,
hazte estas preguntas, para que puedas
comprenderte mejor a ti mismo.

Si eres un ser humano completo, íntegro, en el momento presente
—pues solo la integridad te permite experimentar la esencia—,
lo Sagrado y tú sois Uno, en perfecta armonía.
Esto es lo que la Vida exige de ti... ¡porque es fuente de dicha!

En cuanto el pensamiento vuela a cualquier otro
tiempo o lugar, eres un ser incompleto;
la energía se disipa, tu comportamiento está
determinado por patrones caducos

*y eres incapaz de comprender lo que está vivo, lo que es real,
lo que el fluir de la Vida te trae, como un Todo integrado.*

*Por eso, simplemente observamos el
pensamiento errante, vagabundo,
pues, al sacarlo a la luz, desaparece, y el
individuo es así independiente.
Este encuentro transforma, quema las energías astutas
que acompañan al pensamiento desde tiempos remotos.*

*La llama no deja rastro ni impresiones dolorosas.
Lo que es viejo y obsoleto, pensamientos tanto
desagradables como hermosos,
se desintegra de repente sin excepción,
y los momentos se suceden uno a otro, integrados en la Inmensidad.*

*Inmerso en una Atención total, persistes en ser una Llama,
que iluminará tu camino y será fuente de dicha eterna
incluso en circunstancias difíciles, pues esa mente
clara y lúcida se expande hasta lo Infinito.
¡El ser entero se inunda de Armonía y Felicidad!*

Hagámonos estas preguntas con la mayor frecuencia posible: ¿estamos o no en contacto directo con la Realidad de la Vida?, ¿funcionamos como seres absolutamente conscientes «aquí» y «ahora»?, ¿escapa nuestro pensamiento al pasado o se proyecta en el futuro?

Una vez que hemos puesto en evidencia nuestro pensar, y su errático deambular sobre las alas del tiempo, regresa obediente al presente y nos ofrece momentos de calma y lucidez.

El individuo que ha despertado a la realidad se comporta, comprende y actúa atendiendo a las necesidades de la Vida en cada uno de los momentos presentes, que se revelan y suceden sin fin. Con mente clara, lúcida, es como una llama que arde de forma permanente y continuamente se renueva.

La Atención omnímoda es la llama que consume los residuos ancestrales que definen al ser humano como un ser egoísta y temeroso. Con Atención, se hace realidad la unidad inherente a nuestro ser, y disponemos de repente de energía ilimitada.

La acción transformadora solo puede tener lugar en el presente vivo y activo, nunca en el futuro. Si no estamos siempre en el momento presente, pasamos por alto el verdadero significado de la Vida. El pasado obsoleto y el futuro imaginario, que obstruyen la realidad por ser expresión de una mente que va a la deriva, siempre encubrirán la Verdad.

Cuando una lúcida Atención es nuestra compañera inseparable, iluminamos el camino de nuestra Vida y, ante esa luz, todos los residuos que nos degradan moral y espiritualmente se disipan. Además, nos ofrece la capacidad moral para no cometer más errores.

Así pues, nuestra labor consiste en observar y escuchar todo pensamiento errabundo, todo murmullo del pensar, todo deseo y todo miedo que nos arrastran a la espesura del tiempo. Este encuentro perfecto los hace desaparecer y, en el «vacío psicológico» que sigue espontáneamente, tenemos una Conciencia Pura integrada en lo Ilimitado.

En este estado, encontramos Amor sin causa y Felicidad ilimitada, que, por su naturaleza, embellecen todo cuanto nos sucede, bueno o malo, hermoso o feo, agradable o desagradable, o incluso extremadamente doloroso.

EL MOVIMIENTO DE CREACIÓN

La Creación es movimiento, y se traduce en novedad constante.
Su cualidad principal: eterna originalidad y frescura.
No conoce la repetición y nunca está inmóvil.
No es esclava del tiempo ni está limitada por el espacio.

La mente individual, por muy culta que sea,
no tiene acceso a ella ni la puede percibir,
pues es una mente siempre vieja, estrecha de miras, limitada.
Todo lo que vive en el tiempo limita y separa.

Mientras estemos conectados con esta mente,
no hay entendimiento posible
ni podemos descubrir la verdad sobre el movimiento misterioso.
Primero, nuestra mente ordinaria ha de
quedarse en silencio absoluto,
esa mente que utilizamos con tanta frecuencia,
que corre sin cesar de una cosa a otra.

Si la vemos tal como es, si la observamos por entero
con atención total, sin querer alcanzar ningún ideal,
de inmediato se queda en calma, en completo silencio.
El ser entero está ahora en paz y desapegado de lo conocido.

La mente, en su quietud, se afirma entonces de un modo creativo;
se torna nueva a cada momento, y el ser humano
es, por tanto, siempre nuevo y activo.
La mente cumple su propósito cuando aflora su esencia creativa,
cuyo poder transformador cambia radicalmente
la anterior insignificancia.

La historia nos dice que en el pasado, por medio de la meditación,
grandes escultores y artistas buscaron este estado
y fueron capaces de captar algo nuevo, nunca visto;
famosas obras de arte se crearon de esta manera.

Asimismo, los inventores investigan durante un tiempo,
haciendo uso de sus conocimientos, de la mente y la imaginación.
Cuando llegan a un callejón sin salida, la mente al fin se detiene,
y ese es el momento crucial en que se define lo nuevo.

Solo hay novedad, nacida de la novedad, en la quietud de la mente;
es algo especial, desconocido hasta ese momento,
gobernado por sus propias leyes.
Cuando el pensar se halla en pasividad,
dicho estado nos eleva el espíritu,
pues el ser, sin el «yo», es ahora nuevo y creativo.

En el plano psicológico, este fenómeno arrasa al viejo ser humano y,
en su lugar, crea un ser humano nuevo, que
vive en un estado de ser muy distinto.
La Paz y el Amor se entretejen en armonía,
y el individuo es más compasivo y afectuoso.

La creación es movimiento constante, novedad eterna y originalidad absoluta. Nunca se repite, ni es estática, ni se deja apresar en la trampa del tiempo y el espacio.

La mente individual, por muy culta que sea, no tiene acceso al fenómeno de la creación ni puede comprenderlo, porque es una mente siempre vieja y anticuada. Como todo movimiento suyo separa y limita, con una mente como esta nunca, en ninguna circunstancia, podremos descubrir los misterios del movimiento de creación.

Por tanto, ¡es necesario que esta mente ordinaria se quede en silencio! Pero ¿cómo conseguirlo? Solo hay una manera: encarándola simple y directamente con la llama de la Atención, sin albergar ningún motivo, sin ningún ideal que alcanzar.

Si el encuentro tiene lugar de la manera debida, la mente se queda en silencio, en silencio absoluto, y en ese momento nuestro ser entero se desapega de lo conocido. A partir de entonces, el recipiente de la conciencia, ahora vacío, es capaz de acoger y comprender lo nuevo que el movimiento de la vida engendra sin cesar.

Es, por tanto, una mente nueva, sin límites ni conocimientos; en su quietud, es creativa, y, como consecuencia, la persona es siempre nueva y activa. Esa mente, que vive en un estado de Conciencia Pura, provoca por su simple presencia cambios radicales en la estructura del ser humano común.

La historia da testimonio de grandes escultores que, para crear sus obras maestras, entraban en estado de meditación a fin de encontrar esta quietud, en la que captaban la singularidad de lo nuevo, algo que no era capaz de lograr ninguna técnica.

Lo mismo sucedió en el caso de los grandes descubrimientos. Los inventores investigan durante cierto tiempo, con ayuda de la mente repleta de conocimientos y el pensamiento imaginativo, hasta que llegan a un callejón sin salida y, de repente, el proceso del pensar se detiene. En ese momento crucial de pasividad mental —o vacío psicológico—, lo nuevo aparece por impulso propio, y la mente silenciosa lo recoge y lo incorpora al ámbito del conocimiento.

Con frecuencia sus semejantes, incluso estudiosos de renombre, debido a su estrechez de miras, ni siquiera los aceptan. La historia nos ha dejado incontables ejemplos de ello. En innumerables ocasiones, la sociedad contemporánea ha tachado a los inventores y artistas de farsantes o de locos, y han muerto en la pobreza; años más tarde, después de su muerte, otros exploraron sus descubrimientos y obras, y cosecharon todos los beneficios.

De hecho, en todos los apartados de este libro escribo sobre la pasividad, invitando a la mente ordinaria a que se dé cuenta de su impotencia y, con humildad, guarde silencio, es decir, se quede inactiva, porque solo en este estado puede ser de verdad creativa.

La quietud de la mente, lograda de esta manera, disipa las fragmentadas energías del viejo ser humano que causan y perpetúan el egoísmo con sus numerosos aspectos obsesivos y degradantes.

Simultáneamente, en su lugar, la paz y el Amor entretejidos en armonía forman un contenido distinto con otra mentalidad, que define al ser humano inteligente.

Recordemos, pues, que solo desapegándonos de la estructura tiempo-espacio somos seres completos, capaces de crear en ambos campos: el espiritual y el técnico.

¡NO OPONGAS RESISTENCIA A NADA!

No opongas resistencia a nada que te encuentres:
pensamientos, deseos, emociones; simplemente escucha y observa.
Surgen de forma automática del bagaje de nuestra mente
viejos e incontables residuos, engañosos y estúpidos.

Todo lo que aparece demuestra nuestra verdadera condición
de personas atrapadas en el tiempo, condicionadas por los hechos.
Nos avergonzamos de ello, y nos escondemos tras una máscara
bien adornada intentando que parezca natural.

Pero este camuflaje no es más que otra forma, igualmente engañosa.
El ser humano se degrada así todavía más, es aún más impotente
y su fealdad, más pronunciada.
De este modo, el clima mundial continúa su degradación.

Es lo que a menudo encontramos en nuestra condición humana
de seres encadenados que tergiversan la realidad.
Es lo que hemos heredado de nuestros ancestros,
que, a lo largo del tiempo, han ido dejando
tras de sí su pensamiento tumultuoso.

Hemos heredado la malicia y la astucia de un tiempo inmemorial,
de nuestro antepasado remoto que se creyó importante
porque su incapacidad de comprensión le hizo considerarse especial,
distinto de todos sus semejantes. De ello nació la ficción del ego.

Hoy en día, el ser humano se ha degenerado:
de tanto vivir volcado hacia el exterior,
es incapaz de percibir su mundo interior.
Pero ha llegado el momento. Estos tiempos nos exigen
que sepamos la verdad: ¡lo efímero que es el «yo»!

¡No opongas resistencia a nada! ¡Quédate quieto, observa y escucha
todas las reacciones que afloren en ti y todo
aquello con lo que te encuentres!
No opongas resistencia a lo que traiga el momento,
manifestada en impulsos interiores, aspectos irreales.

Basta observarlos, sin elección,
para que la no acción los haga, prácticamente, desaparecer,
debilitando con ello al ego y liberándonos espontáneamente.
El ser humano, Sagrado en el momento, se integra por completo.

¿Podemos ser meros testigos, que observen y escuchen todo lo que genere el errático movimiento de la mente: pensamientos, imágenes, deseos, sentimientos, emociones? Y, a todo lo que de este modo aparezca, ¿podemos no oponerle resistencia, ni analizarlo, ni corroborarlo, ni hacer sobre ello ninguna evaluación ni comentario en nuestro interior?

Son apariciones que afloran de modo automático, reacciones del bagaje que arrastra nuestra mente ancestral, muchas de ellas engañosas, traumáticas, insustanciales y sin ningún valor práctico. Esta caótica y confusa corriente de fantasía demuestra quiénes somos en realidad: personas que viven en la dimensión del tiempo, atrapadas en el contenido de su memoria.

Como solemos avergonzarnos de estos fantasmas del pasado, intentamos disfrazarlos con mucho cuidado, y los escondemos tras una máscara. Pero lo único que conseguimos de este modo es distorsionar nuestra realidad a un nivel todavía más profundo, pues, sirviéndose del camuflaje, la perversidad del individuo se acumula en su interior en mayor medida aún y, como consecuencia, el clima psicológico general de la humanidad entera alcanza niveles de degradación incluso más terribles.

Nuestro condicionamiento psicológico tiene su origen en tiempos remotos y, con el paso del tiempo, ha ido diversificándose en aspectos cada vez más denigrantes.

La educación errónea que hemos recibido de la generación anterior es, de hecho, la síntesis de todos los errores que hemos heredado de nuestros antepasados por la vía de la tradición.

Hemos heredado tanto el mal, en sus infinitas formas, como la astucia de un antepasado remoto que se creyó importante, por considerarse mejor y más especial que sus semejantes, y sentó así la base para la ficción del ego.

Por lo general, hoy en día la gente es moralmente más degenerada que en aquellos tiempos. La ciencia, la tecnología y la cultura, en su proceso de desarrollo, han creado una distancia aún mayor entre los seres humanos y la realidad de su ser interior. Y no solo eso, sino que, además, la ciencia y la acumulación de conocimientos suelen degradar a la persona, por la admiración de sí misma, la arrogancia y el orgullo que generan en ella.

A mi parecer, el tiempo de vivir descarriados ha llegado a su clímax, y es hora de que se produzcan cambios radicales en la estructura psicológica del individuo.

Es necesario que sepamos la verdad: que este individuo efímero no es sino la caricatura de una persona, que el verdadero ser humano es inmortal —Divinidad existente por sí misma— y está a la espera de que lo descubramos. La Divinidad que hay en nosotros no puede sino esperar a que las nubes de la ignorancia y la confusión que flotan en la superficie de nuestra conciencia se despejen y se desintegren.

Este mensaje indica lo que es necesario hacer para llevar a la práctica esta empresa sublime. ¡No opongas resistencia a nada! Simplemente observa y escucha cada una de las reacciones de la mente: pensamientos, imágenes, deseos, miedos, sentimientos, emociones... El simple encuentro con ellos, sin elegir unos y rechazar otros, conduce a su desaparición espontánea. En el vacío que así se crea, el camino está abierto; lo Sagrado que aflora de las profundidades de nuestro ser nos envuelve, y opera una sacra transformación en nosotros.

La realidad existente en cada ser humano solo puede afirmarse simultáneamente a la desaparición de lo irreal, del «yo personal» —una creación ficticia y obsesiva— que nos tiene prisioneros desde tiempos inmemoriales.

LA ETERNA JUVENTUD

La eterna juventud es un fenómeno natural,
el destino de toda persona —una vez que alcanza
la madurez del individuo realizado—.
Espontáneamente le sigue —como experiencia auténtica—
una energía sin respaldo y sin limitaciones.

Físicamente, la juventud depende de nuestro número de años,
del progreso del cuerpo hacia la madurez.
No hay contradicciones. La gente considera que
tiene la edad que determinan sus años, teniendo
en cuenta la esperanza de vida.

Pero la edad psicológica es otro tema.
La juventud está directamente conectada con
la novedad constante de la Vida.
La Vida misma nos pide que nos encontremos con ella
siendo tal como ella es, novedad absoluta en cada movimiento.

Sin esta eterna juventud, en renovación constante,
no entenderemos la novedad del movimiento Universal.
Hemos de tener una mente intacta, lúcida, clara,
desapegada por completo del tiempo y del
vagabundeo de la memoria.

Este es un estado que se consigue con naturalidad
cuando entendemos la cualidad del ego y su naturaleza impotente,
incapaz de abrazar y comprender realmente
la inocencia del momento desnudo.

El momento nos hace jóvenes, si nos
encontramos con él una y otra vez
sin el viejo «yo», basado en caducos residuos.
La juventud no guarda relación con el
tiempo; no la determinan los años.
En la eterna juventud, todos y todo experimentan la integración.

La eterna juventud es un fenómeno natural; es el destino de todo ser humano que haya alcanzado un estadio de madurez espiritual. Este logro espiritual aparece espontáneamente —como experiencia verdadera— cuando el individuo descubre la Realidad de su ser, que es Divinidad inmortal. En esta afortunada circunstancia, tiene una Energía y Consciencia Puras sin dimensiones ni causa.

En el plano físico, la juventud está determinada por la edad de nuestro cuerpo, por su progreso hacia la madurez. Desde este punto de vista, no hay contradicciones; la gente considera que es todo lo mayor que indican sus años, siempre dependiendo del clima o la localidad geográfica en la que vive.

En el plano psicológico, ya es otro tema. En esta circunstancia, la juventud está íntimamente conectada con la manera en que integremos y acojamos la eterna frescura de la Vida.

En la práctica, la Vida misma nos pide que nos encontremos con ella siendo tal como es: novedad absoluta con cada movimiento. Sin esta Eterna Juventud, nunca podremos descubrir ni comprender la novedad del movimiento Universal. Solo desapegándonos del tiempo y el espacio —de la memoria errabunda— seremos capaces de entender aquello que es nuevo y real, y que llega a nosotros «aquí» y «ahora» gracias a la constante movilidad de la Vida.

Pero ¿cómo podemos alcanzar esa Eterna Juventud en nuestro interior? Solo hay una manera: entendiendo la cualidad del ego y su impotente naturaleza, incapaz de abrazar y comprender la pureza del momento presente. Cuando llega la comprensión —como experiencia directa—, esta ficción se queda humildemente en silencio porque ha entendido su incapacidad esencial, y, en «vacío psicológico» que así se crea, nos expandimos hasta lo Infinito y adquirimos una mente nueva, verdaderamente eficaz e ilimitada.

Encontrarnos con el momento de la manera debida nos conduce a un estado de Eterna Juventud, en el que no tiene cabida la senilidad basada en las acumulaciones mentales. La Juventud no es prisionera del tiempo ni está influenciada por los años que haya vivido nuestro cuerpo físico.

Quietos en el umbral del momento que llega, lo recibimos en un estado de completa libertad interior, y permanecemos intactos e igual de libres una vez que el momento ha pasado, sin retener ningún residuo en la memoria. Morimos psicológicamente a lo que ha sido y, en ese mismo instante, renacemos igual de vivos, radiantes y siempre jóvenes a cada segundo de la Vida en su perpetuo movimiento.

LA MENTE DESTRUYE EL CUERPO

¿Qué es la mente? ¿Qué funciones, qué usos tiene
para el individuo encarnado en el planeta Tierra?
Cuando está sana, es nuestra guía, nuestra brújula;
de lo contrario, es dañina para el cuerpo, destructiva.

Hacemos uso de la ciencia, la tecnología y la cultura,
que se transfieren de generación en
generación mediante el aprendizaje
de conocimientos que conservará la memoria; y el individuo luego,
mediante el pensamiento y la razón, puede
recurrir espontáneamente a esta herencia.

Si la utilizamos cuando es necesaria, en
circunstancias determinadas,
en el momento en que la existencia nos lo exige,
es verdaderamente valiosa y útil,
un respaldo fiable y una ayuda para el ser humano.

Pero ¿tenemos una mente libre y equilibrada
que pueda quedarse en silencio cuando ya no la necesitamos?
¡Solo la persona sabia es dueña de su mente
y tiene la fortuna de funcionar en perfecta armonía!

Los demás, aquellos a los que guía su mente condicionada,
son meros juguetes, arrastrados por los vientos y los caprichos.
El caos actual del mundo está causado por este tipo de mente,
por cuyas contradicciones y conflictos se incrementa la maldad.

☆☆☆☆

Cuando una mente como esta nos dirige, ¿en
qué estado se encuentra el cuerpo físico?
Vive sometido sin descanso a la tensión
derivada de pensamientos insensatos,
y las energías negativas debilitan a menudo
sus órganos, sus sentidos, su cerebro…, todo lo
que constituye su soporte en este mundo.

Cuando la mente desea, persigue y espera conseguir algo,
se crea un conflicto entre «lo que es» y la meta imaginaria.
Las energías se enfrentan entre sí, con consecuencias devastadoras;
se deteriora la salud y el cuerpo físico se debilita.

Sumida en su correteo vano entre el pasado y el futuro,
esa mente es una auténtica enfermedad
—como revela nuestra realidad interior—
que ha de tratarse sin demora
mediante el «conocerse a sí mismo», nuestra única salvación.

Con una lúcida y omnímoda Atención,
la mente se ilumina y desaparece al instante
junto con todo su errático movimiento. Y en el vacío que sigue,
la Paz y el silencio absoluto regeneran el cuerpo.

En este clima favorable, el cuerpo empieza a sanar,
se recupera la salud, se eliminan los residuos
que habían ido acumulándose debido al mal funcionamiento
de los órganos, estresados por la actuación
defectuosa de la mente limitada.

EL ÁMBITO DE LA FELICIDAD

Lo que escribo aquí no es un relato de ficción;
no hablo de algo imaginario
ni repito lo que he leído en un libro.
Describo momentos reales de completa felicidad
—que aparecen en el «vacío psicológico»—
independientes del pensamiento.

En esta vacuidad de la mente reside el ámbito maravilloso,
donde el pasado desaparece y el ser humano,
el ser humano verdadero,
completo, puro e ilimitado, se integra en el Universo,
todo lo cual llega como regalo por el simple hecho de observar.

En el contacto directo con el momento que llega,
trascendemos lo Infinito, sin anticipar nada.
Por favor, ¡verifica todo lo que digo! ¡Ponlo
en práctica en este momento!
Verás que el tiempo —el ayer y el mañana— no existe.

En este encuentro directo, lo único que
necesitamos es una omnímoda Atención,
que nos hace «enteros», y, como seres completos,
sin esfuerzo, sin lucha ni proyecciones mentales,
nos hacemos uno con lo Absoluto y con la Verdadera Felicidad.

En este estado, no hay problemas ni conflictos;
todo se ha disipado en la Realidad Sagrada.
En este ámbito Sagrado, no aparece nada más.
Este es el propósito de nuestra encarnación en la Tierra.

L o que intento describir en este apartado, así como en todos los demás, no es producto de mi imaginación, ni repito los fenómenos, relatos o hechos que haya leído en un libro. Simplemente describo momentos de felicidad que he experimentado directamente, y que aparecen en el «vacío psicológico» o pasividad consciente de la mente.

Este ámbito maravilloso que menciono en los poemas, o en su versión en prosa, existe de verdad, es real, y aparece con naturalidad y de forma simultánea al silencio espontáneo de la mente. En él, no hay movimiento alguno del pasado conmemorativo, ni proyecciones hacia el futuro, ni la menor expectativa.

Cuando llega el silencio, el experimentador es en ese instante un ser humano completo, una unidad perfecta: cuerpo, mente y espíritu como un Todo. Tenemos una mente nueva, que se expande hasta lo Infinito y nos une, así, con la totalidad del Universo. Este *súmmum* se alcanza con la ayuda de la Atención lúcida, según escucha y observa con sencillez: tanto el mundo exterior como el interior de nuestro ser.

Este contacto directo ocurre espontáneamente, cada momento presente de la Vida en su sucesiva y eterna revelación. Y en el encuentro inmediato con el momento que llega trascendemos lo Infinito, sin anticipación, ni intervención alguna de la voluntad.

Todo lo que digo aquí, resultado de la experiencia personal, tú también puedes conseguirlo. Exclúyeme e ignórame por completo, pues de lo contrario harás de mis palabras una teoría.

En este experimento no hay tiempo, no hay ayer ni mañana. En este encuentro, lo único que utilizamos es una Atención global, que nos une haciendo de nosotros un «Todo» completo. De ahora en adelante, como seres enteros, somos uno con lo Absoluto y vivimos plenamente el fenómeno de la Felicidad, exento de cualquier convencionalismo. Nuestra existencia en este ámbito, en contacto con la Realidad de la Vida, disipa cualquier contratiempo o estado conflictivo; y ningún otro problema aparece, puesto que la Conciencia Pura cumple a la perfección el verdadero propósito de nuestra encarnación en la Tierra.

FUNDIRSE

El Universo y yo somos Uno,
siempre en el ahora.
El momento vivido se va,
la mente está vacía.

Ni pasado ni futuro:
cesa su arbitrario movimiento.
La Vitalidad de la Vida, en este momento,
no provoca reacciones en mí.

Veo, escucho y vivo auténticamente.
El Amor me hace completo.
En este estado,
el ser entero es puro.

La felicidad ilimitada
y sin imágenes,
la encontramos de hecho
en el silencio absoluto.

Aquí, con la ayuda de unos pocos versos y en unas pocas palabras, expongo la sencillez del encuentro con nosotros mismos, así como la fusión espontánea con la Universalidad. Todo sucede en un instante. La mente, en perfecta quietud y libre cuando el momento empieza, es igual de silenciosa y libre cuando el momento termina.

No hay por tanto pasado, ni crea nuestra mente reflejo alguno de un futuro imaginario. En esta circunstancia, observo, escucho y vivo, directamente, el fenómeno de la Pura Presencia y la Pura Percepción Consciente, definidas como Amor Ilimitado.

La felicidad a la que todo ser humano aspira —consciente o inconscientemente—, solo se puede encontrar de verdad en el estado de silencio absoluto. Esta Felicidad sencilla, cristalina y omnímoda está desprovista por completo de motivaciones materiales o imaginarias.

La Atención lúcida es el único instrumento que continuamente utilizamos para vaciar nuestra mente, así como para hacer que, con humildad, se quede en silencio.

EL MIEDO A LA SOLEDAD

Soledad y miedo no son sino meras palabras;
no son fenómenos reales, experiencias verdaderas.
En realidad, se excluyen mutuamente, no tienen ninguna afinidad,
cuando se afirma el estado de Inteligencia.

En el plano psicológico, estar solo significa libertad,
paz, silencio, reposo, así como integridad.
La armonía interior nos une a lo Infinito.
Desvinculados del espacio, no hay conflictos.

No hay deseos, ni imágenes, no hay contenido alguno, solo vacío.
En semejante estado, el ego guarda silencio absoluto.
No tenemos centro ni límites, pues se han extendido
hasta fundirse con la Inmensidad.
Es un estado atemporal, con acceso a la
cualidad Sagrada de la Vida.

El miedo está conectado con el «yo»; sin él, no puede existir.
En todo lo que emprendemos identificados con el ego,
la sombra del miedo nos persigue sin cesar
y, con su negatividad, disipa nuestra energía.

Así pues, el miedo está siempre conectado
con lo finito, con lo limitado,
e influencia el proceso de pensamiento.
Es siempre turbulento, nunca nos aporta nada útil,
y la confusión y el malentendido son sus compañeros constantes.

Preguntémonos: ¿qué tienen en común el miedo y la soledad?
¿Qué debilidad humana los conecta y asocia?
¿Pueden lo finito y lo Infinito existir juntos?
¡Por supuesto que no! ¡Es imposible! ¡Se excluyen mutuamente!

Solo cuando lo finito está en silencio, al
darse cuenta de su impotencia,
aparece la Inmensidad como un estado natural.
La mente los ha unido por error,
por considerar la soledad solo como una idea,
como un concepto intelectual,

y no como una Realidad que nos lleva a la Inmensidad.
El ego tiene miedo a la soledad porque la soledad lo desintegra,
de ahí la rapidez con que se afana en llenar el
vacío de la mente —peligroso, inaceptable—
valiéndose de lo que sea que le ofrezca una vía de escape.

Cuando la soledad se afirma en su autenticidad
no es, por tanto, algo desagradable, que se deba evitar o temer.
Es el deseo de llenar el «vacío» lo que nos confunde;
el problema es el ego, traumático por naturaleza.

Cuando lo sacamos a la luz y lo observamos totalmente, tal como es,
¿cuánto dura?, ¿continúa su movimiento? La Atención lo disuelve.
Nosotros y el ego somos un solo movimiento
que se disipa espontáneamente,
y la «vacuidad» llega por sí sola, consumando el Propósito Sagrado.

Cuando la Inmensidad nos envuelve, en ese estado de seguridad
nuestro contento es total: no hay búsqueda, no hay deseos;
ahora todo se entreteje en armonía natural.
Lo Sagrado impone su ley, a través de los impulsos del Amor.

Miedo y soledad son meras palabras, y no los fenómenos o hechos reales que intentan expresar. Entre estas dos palabras, no hay conexión alguna cuando el *Homo sapiens* funciona como un ser inteligente. En el momento en que la mente se queda en silencio, estamos fuera del tiempo y experimentamos el estado de libertad psicológica.

En esta circunstancia, un profundo silencio conduce a la integridad de nuestro ser. La armonía de nuestro ser interior nos une a la Eternidad, donde no hay conflictos. Asimismo, en este estado de «ser» los deseos e imágenes empiezan a desaparecer, y, con ellos, el ego y su campo de acción se desvanecen. No hay en nosotros centro de interés propio, ni limitaciones. El ser entero se extiende hasta lo Infinito, reuniéndose y fundiéndose con la cualidad Sagrada de la Vida.

Con lo que sí está íntimamente conectado el miedo es con el «yo»; se afirma solo en presencia del ego, disipando su energía. Sigue al «yo» a todas partes, como una sombra, lo cual tiene obvios efectos negativos para el individuo, cuyos malentendidos, confusión e ignorancia van tejiendo el lúgubre tapiz de la vida.

Al verlos por lo que en realidad son, surge una pregunta: ¿qué debilidades humanas conectan y asocian el miedo con la soledad? ¿Puede lo finito acompañar a lo Infinito? ¡De ninguna manera!, puesto que la existencia de uno excluye al otro.

¿Qué sucede cuando lo finito y limitado se queda en silencio al darse cuenta de su propia impotencia? En ese momento, aparece la Inmensidad. La mente unió ambos conceptos en el nivel intelectual, pues consideró la soledad solo como idea, como concepto, y no como realidad directamente alcanzada por la experiencia personal. El ego tiene un miedo perpetuo a la soledad, porque cada día la soledad desintegra su estructura.

¿Y qué hace para salvarse de la destrucción? Muy simple: llena la soledad con toda clase de ocupaciones. Son innumerables las vías de escape: ir al teatro, al cine, al estadio, hacer excursiones, ver la televisión, leer, beber... Pero cuando la soledad aparece, no es una experiencia desagradable que se haya de evitar o temer. El único problema es el ego, que conduce a error a los ignorantes.

¿Qué ocurre cuando miramos de frente a ese ego con una lúcida Atención? ¿Sigue revolviéndose o, por el contrario, el instante de Atención disipa su estructura? Esto es lo que ocurre, y su desaparición nos ofrece la paz del alma y, a través de ella, la sagrada consumación de nuestra unión con la Divinidad. A partir de ese momento, somos Amor, Inteligencia y Felicidad ilimitada.

TODAS LAS EXPECTATIVAS
SON UNA TRAMPA

La expectativa: una proyección mental, el anhelo
de alcanzar una meta determinada,
de obtener cierto resultado, que el proceso de pensamiento anticipa.
En el plano psicológico, cualquier expectativa
tiene su origen en el «yo»,
incesante e invariablemente egocéntrico en todas sus acciones.

Las expectativas son, por tanto, una trampa; refuerzan lo conocido.
El ego siempre está presente en ellas,
ensalzando su propia importancia.
Con todo lo que dice o piensa, con cada actividad suya,
se alimenta continuamente, y el «yo» fortifica así su baluarte.

Cuando empezamos el viaje espiritual con un propósito en mente,
no nos liberamos del ego; al contrario,
le damos fuerza, lo amplificamos.
Esto es lo que conseguimos con los métodos y fes,
cada vez más abrumados por la magnitud de nuestra impotencia.

El clima que se vive en el mundo actual demuestra sobradamente
lo nocivos que son el esfuerzo y los resultados
de la acción nacida del pensamiento.
La esperanza de transformarnos tiene efectos catastróficos;
encontramos escollos a cada paso del camino y
nuestra empresa es siempre un fracaso.

«Conocerse a sí mismo» es un camino muy distinto.
Empezamos por los hechos, escuchando y observando.
No tenemos ninguna meta, nada salvo
una simple percepción consciente
de la Realidad de la Vida en un estado de total relajación.

Este sencillo encuentro desinteresado
es, por sí mismo, acción y consumación verdadera.
El «yo» se desintegra, todas sus trampas se desbaratan
y sus astutas energías van siendo eliminadas poco a poco.

Los momentos con los que persistentemente
nos encontramos de esta manera
provocarán al final un gran acontecimiento:
el derrumbe absoluto del ego, un estado de Iluminación,
a través del cual el ser humano alcanza la Integración sublime.

La expectativa es una proyección mental, el anhelo de alcanzar un resultado preciso que habrá de cumplirse en cierto momento del futuro. Esta anticipación tiene su origen y encuentra estímulo en la estructura del «yo personal», cuya actividad es siempre egoísta. Desde el primer instante, la expectativa se define a sí misma como una trampa, que realza la importancia del ego.

En el plano psicológico, cada vez que iniciamos una actividad con la que perseguimos un ideal o intentamos alcanzar una meta, somos meramente el ego o «yo personal» en acción. Cada movimiento nuestro aumentará sus dimensiones y también su importancia. Esto es lo que hace la persona común cuando recurre a métodos, fes y conceptos con una meta «espiritual», como se la llama, en mente.

El devenir espiritual, así como la fe de los fieles en que lograrán salvar sus almas mediante una labor que es fruto de la fuerza de voluntad y el esfuerzo, son siempre auténticas trampas que les hacen vivir en la ilusión y el engaño. Si comparamos esta actividad con las consecuencias y el resultado final que tiene, resulta obvio e innegable que es cierto lo que aquí digo.

¿Puede nuestra mente efectuar en sí misma transformaciones radicales? Puedo responder a esta pregunta bien indagando en nuestro interior o bien mirando a nuestro alrededor. La respuesta correcta depende, sin embargo, de nuestra objetividad: ¿somos de verdad objetivos? ¿Somos lo bastante sinceros para mirar dentro de nosotros y descubrir las máscaras a las que solemos recurrir para esconder nuestra fealdad interior?

«Conocerse a sí mismo» no permite ninguna concesión ni excusa. Cuando lo pongamos en práctica, siempre empezaremos por los hechos, por lo que sucede «aquí y ahora».

La simple percepción consciente del movimiento de la mente, estructurada en el espacio-tiempo, nos muestra con claridad, exactitud y sin lugar a dudas quiénes somos en realidad.

Ese encuentro simple y desinteresado con nosotros mismos es, de por sí, una acción transformativa. El «sí mismo» se disuelve en cuanto la Atención omnímoda lo saca a la luz; todas las trampas se desbaratan y las astutas energías —de las que somos prisioneros— se eliminan poco a poco.

Nuestro encuentro con estas estructuras egoicas se realiza momento a momento; no anhelamos alcanzar ninguna meta ni esperamos ningún resultado.

Estos encuentros sencillos provocarán un día el desmoronamiento absoluto del ego, y el individuo afortunado experimentará el fenómeno de la Liberación o Iluminación. Aparecerá entonces espontáneamente una nueva mentalidad y una nueva actitud hacia la Vida, en la que no intervendrá en absoluto la mente conocedora.

En el futuro, esa mente sustentada en el conocimiento, que se concreta en reacciones automáticas, ya no podrá utilizarnos; por el contrario, siendo totalmente conscientes, emplearemos la memoria solo para comunicarnos y ofrecer explicaciones a quienes nos las pidan.

PRÁCTICA DEL
«CONOCERSE A SÍ MISMO»

A fin de facilitar una correcta comprensión y práctica del «Conocerse a sí mismo», voy a ofrecer en este apartado información diversa para garantizar que sabremos explorar correctamente la totalidad de este proceso.

Cada practicante vivirá la experiencia individualmente. ¡No necesitas de nada ni de nadie! Estás dotado de toda la voluntad creativa, libertad, fuerza y resistencia que se precisan para esta maravillosa realización.

El autor no puede ayudarte en modo alguno. Únicamente te proporciona la información que necesitas y describe cómo llevarla a la práctica. ¡Olvídate del autor, ignóralo por completo!

Según leas estos poemas, ¡aplica de inmediato lo que te revelen! Solo así descubres por ti mismo y experimentas verdaderamente esta realidad.

La comprensión aparece y se revela con claridad absoluta solo cuando te desapegas de todo lo que sabes, momento en que simultáneamente desaparece el viejo ser humano que había en ti, condicionado por el tiempo y el espacio.

A fin de acostumbrarte al estado del Presente perpetuo, pregúntate siempre que te sea posible: ¿estoy o no estoy despierto —aquí y ahora—, continuamente en el momento presente? Esta manera de despertar —a la que, con toda naturalidad, sigue la Integridad del ser— se puede aplicar en cualquier circunstancia, día y noche, ya estés sentado e inmóvil o en movimiento.

Conviene mencionar también que las células del cuerpo se nutren de los alimentos que ingerimos, que el metabolismo transforma y que finalmente pasan a la corriente sanguínea; pero la Vida de las células se alimenta, además, de la energía del Pensamiento.

En consonancia con nuestro deseo, dicho Pensamiento puede, bien dirigirse al elevado estado de Superconciencia, en el que vivimos un estado de Dicha, Felicidad y Amor, o bien descender al nivel de la conciencia social, y en este caso experimentamos sufrimiento, tristeza y miedo, así como otros de sus efectos negativos.

Si tenemos en cuenta y ponemos en práctica estas sugerencias, notaremos desde el primer momento los efectos beneficiosos en todo nuestro ser. Por nombrar solo algunos, aceptaremos todo lo que la Vida ponga en nuestro camino —elementos y sucesos placenteros o desagradables, o incluso aquellos que suelen considerarse desastrosos—, no juzgaremos ni condenaremos a nadie, independientemente de lo que hayan hecho, sino que mostraremos una sabia comprensión hacia todo el mundo, sin discriminación de ningún tipo, ya que el Amor dirigirá nuestras acciones y nos revelará que nuestra identidad es muy similar a la de nuestros semejantes, lo cual significa que cuando condenamos a alguien, nos condenamos a nosotros mismos.

En el viaje ascendente por el Camino de la perfección, los Pensamientos son cada vez más sutiles, y finalmente nos conducirán al fenómeno de la Iluminación. Este afortunado estado de ser, que llega totalmente por sorpresa, nos une a la Divinidad Creativa: estamos en ella y ella está en nosotros.

Todos los seres humanos estamos destinados a alcanzar la Santidad suprema desde el primer instante de nuestra creación. Acelerar o posponer el proceso depende de cada cual, de lo que el individuo piense, afirme o ponga en práctica.

Un fiero deseo, una firme determinación y una incansable persistencia son los cimientos para esta realización sagrada. Los instrumentos de que disponemos, cuyos efectos resultan palpablemente beneficiosos y transformativos, son un simple Estado de Ser, el Estado de Conciencia Pura, el Pensar Ilimitado y el Amor Incondicional.

Cada uno de estos cuatro estados, practicado y experimentado correctamente momento a momento, ofrece al practicante la Integridad del ser, la destrucción del ego, la trascendencia del mundo finito a la Eternidad Inmensa y la Unidad con lo Divino.

«Conocerse a sí mismo» no recomienda el hermetismo ni anima a la soledad o el aislamiento, a abandonar la vida familiar o a dejar de ejercer una profesión en la sociedad para ganarse la vida.

Cualquiera de dichas actitudes corresponde por fuerza a un tipo de comportamiento estrictamente egoico, que vulnera abiertamente la esencia de la moralidad. El practicante del «Conocerse a sí mismo» ha de ser, por el contrario, ejemplo vivo de una elevada conducta moral dentro de la sociedad; como es natural, influenciará así a sus semejantes por su honestidad, rectitud y modestia en el trato con ellos.

★★★★

Desde un punto de vista intelectual, somos conscientes de la importancia del silencio; sin embargo, practicarlo resulta difícil. ¿A qué se debe esta dificultad?

El ego es el único culpable, pues su funcionamiento es el de una mente condicionada y automática. La estructura egocéntrica siente continuamente la necesidad de afirmarse, y lo hace por medio de incontables repeticiones que atienden a las imágenes almacenadas en su memoria.

La mecanicidad de la mente es una enfermedad del alma humana que se apodera de todo nuestro ser y provoca en nosotros todos los funestos efectos que antes mencioné.

Pero si la mente está envuelta en la luz de la Atención, se detiene por sí sola de repente, porque, al primer golpe de vista, se da cuenta de su propia deficiencia. Por eso, un momento de silencio le aporta a la mente una verdadera comprensión.

★★★★

El secreto reside precisamente en este observar silencioso, pues el hecho de que el pasado no intervenga permite que todo se revele en silencio absoluto. En la mente silenciosa, se hace realidad la integridad del ser, que nos proporciona una enorme cantidad de energía. Esta quietud psicológica hace posible que el practicante se integre en el presente y viva en un estado de atemporalidad.

★★★★

Todo ser humano tiene la capacidad de conocer la Verdad Absoluta cuando vive como un ser humano completo, en perfecta unión con la Existencia. El momento es la prueba de fuego que confirma si vivimos o no en contacto con la Vida en su revelación eterna.

En esta beatífica comunión no hay pasado ni futuro, solo este momento; y eso significa que tenemos una perfecta conexión con la Vida. Esta es, por tanto, la Verdad Absoluta, que aflora cuando está completamente ausente el ser humano caduco, creación del espacio-tiempo y basado en los residuos acumulados en la memoria.

Volvamos a la importancia del Conocer directo, la experiencia emocional y la superación de la condición ancestral y deficiente en la que vivimos en nuestro estado actual. En cualquier situación en la que nos encontremos, preguntémonos: ¿soy una Totalidad, aquí y ahora, presente en el presente, cuerpo, mente y espíritu en uno?

Esta sencilla pregunta nos transporta a las profundidades de nuestro ser, por lo que experimentamos al instante el simple estado de Ser o Conciencia Pura. ¡Esto y solo esto! No anticipamos nada ni tenemos ninguna expectativa. En cuanto el momento se consume, vivimos el momento siguiente en las mismas condiciones y, de este modo, experimentamos la Verdad en momentos sucesivos que se revelan perpetuamente.

La sencillez de vivir la Verdad les parece difícil a quienes se hallan atrapados en distintos patrones de pensamiento, pero no está restringida; lo que se necesita es persistencia, trabajo y un querer activo.

Nunca digas: «¡No puedo hacerlo!», pues de ese modo programas tu propia impotencia.

LA TRISTEZA

La tristeza es un sobrecogedor estado del alma,
también llamado pesar o abatimiento.
Surge bien como reacción a un desafío del mundo exterior,
bien como un recuerdo que aflora de nuestro mundo interior.

Su aparición y sus efectos nos muestran quiénes somos y qué somos
en ese preciso momento, para que podamos
conocernos a nosotros mismos.
Este estado, poseído por el ego, limitado en el espacio-tiempo,
se ha de entender y tratar.

Sus causas son de una diversidad sin fin;
no es necesario que las juzgue, ni tan siquiera que las enumere,
la misma mente que las creó.
Sería una empresa inútil.

En el «conocerse a sí mismo», la tristeza desaparece al instante
en cuanto nos encontramos con ella en el momento que aflora.
Empleamos la Atención para sacarla a la luz,
y ese contacto la disipa al poner en evidencia su naturaleza.

113

*La tristeza no es real, no es más que una astuta alucinación
nacida de la ignorancia, una espontánea posesión.
En el «vacío» que sigue, la persona triste
se transforma interiormente en Divinidad íntegra.*

*Sin esforzarnos, en este estado la dicha inunda
las profundidades de nuestro ser,
la paz llega espontáneamente, una bendición
que nos une con la Vida: Eterna Fuerza Creativa.*

*Solo en un encuentro como este somos de verdad un ser unido
y descubrimos el sentido de la Vida al sacar a la luz lo irreal:
la ficción del ego —nacida de nuestro caminar extraviado—,
un estado dual de la mente basado en el engaño.*

*La Dicha que encontramos está con nosotros
en todas partes y todo el tiempo.
Afirma nuestra Santidad y nuestro impulso creativo,
legado de la Divinidad en su Amor eterno
a todos sus hijos e hijas por igual.*

*Retornemos, mediante la experiencia, al sencillo Camino Sagrado
y seamos solo Presencia Sagrada, en eterno movimiento.
Siendo lo que es la Divinidad —Eternidad
permanentemente cambiante—,
nos encontramos con el momento como seres nuevos y libres.*

*Nuestra diligencia, así como nuestra persistencia
en Ser, presentes en el presente,
¡nos transporta de inmediato a un Estado de Independencia!*

Todos los métodos, creencias y sistemas,
basados en patrones y un ficticio condicionamiento, se disuelven.

La tristeza es un estado del alma, definido por el pesar y una sobrecogedora preocupación, cuyos efectos son negativos y estresantes a nivel tanto psicológico como físico. Aparece bien como efecto de un desafío procedente del mundo exterior o bien asociada a recuerdos que surgen del interior de nuestro ser.

Sin embargo, dicha aparición nos muestra en realidad quiénes somos en ese momento; por consiguiente, hemos de saber reconocer este estado y qué hacer al respecto. La tristeza es una indicación de que estamos poseídos por el ego y de que necesitamos entenderlo y resolverlo de la mejor manera posible.

Son múltiples y complejos los factores causantes de este sentimiento, y por eso no se pueden resolver en nuestra mente ordinaria, ya que el bagaje intelectual con el que cargamos es precisamente la causa de su existencia. La mente ordinaria no puede darnos la solución, puesto que no tiene capacidad para provocar en sí misma una transformación radical, sino tan solo cambios superficiales. Ahora bien, lo que sí se conseguirá de este modo es que la persona triste acabe sintiéndose más infeliz todavía.

Por eso, necesitamos recurrir al «conocerse a sí mismo» empleando una lúcida, omnímoda y desinteresada Atención, pues el contacto directo e inmediato con la tristeza hace que esta desaparezca al instante, dado que no era más que una posesión momentánea, a causa de nuestra ignorancia. Al desvanecerse la tristeza, la persona infeliz se recoge en su ser interior como una Trinidad Unida. La Dicha inunda todo su ser. La Paz y la Armonía le siguen, una auténtica bendición, al hacerse Uno con la Vida en los sucesivos momentos de la existencia que eternamente se revelan.

Solo este modo de encontrarnos con nosotros mismos puede poner en evidencia y disipar lo irreal, es decir, la ficción egoica, producto de nuestra idea errónea sobre cómo debemos relacionarnos con la Vida. De ahora en adelante, bajo la influencia de la Dicha, afirmamos nuestra Santidad y fuerza creativa, que han estado a disposición nuestra desde el principio de la creación.

Descubramos, pues, por el sentimiento y la experiencia, el simple Estado de Ser, Presencia Sagrada en eterno movimiento, sintonizándonos con la Vida al encontrarnos con ella y con todo lo que nos trae en su perpetuo fluir: tanto lo agradable como lo desagradable. Esta es la actitud de lo Divino, ¡dado que es Presencia Sagrada en movilidad permanente!

Nuestro ardor y persistencia en estar presentes en el Presente como Ser Completo nos conduce a un Estado de Independencia. Así, todos los distintos métodos, creencias y teorías basados en patrones de pensamiento limitados se disipan, por su incapacidad para abrazar la Vida en su complejo desarrollo y revelación.

TODOS LOS SENTIDOS
ESTÁN DESPIERTOS

Con una Atención global, el ser está presente «aquí y ahora».
Todos los sentidos están despiertos; la armonía es inherente.
Completamente desapegado de lo que «fui»,
vivo solamente en el ahora;
soy «Uno» con la Vida.

Como una llama ardiente que se aviva a sí misma,
¡resuelvo todo lo que me sale al paso, no lo pospongo para mañana!
En un estado semejante, no hay problemas, no hay conflictos.
En movimiento, todos se resuelven si se afrontan a la perfección.

La Inteligencia y el Amor aparecen sin fin, en el silencio.
Lo Sagrado que hay en nosotros exige constantemente
que creemos un clima de paz, sin esfuerzo alguno,
gracias a este dichoso encuentro y una perfecta integración.

Cuando el ser entero permanece despierto y
es completamente independiente,
cuando está ausente el «yo» limitado, somos el ser esencial,
Uno con lo Divino —fuerza creativa Sagrada—,
y ayuda para el mundo entero gracias a nuestra integración.

He aquí otro aspecto del encuentro con nosotros mismos, y te invito a que lo apliques de inmediato, en este mismo momento, según lees estos versos.

Empleando una Atención global, sin ninguna meta ni propósito en mente, nuestro ser entero está presente «aquí y ahora». Como la Atención vitaliza todos nuestros sentidos, la armonía de todo el ser le sigue de manera natural. Completamente desapegados del pasado, vivimos y actuamos solo en el presente, en contacto directo con la Vida, que se revela momento a momento como una Totalidad fuerte, poderosa. Somos como una llama ardiente que se aviva a sí misma: todo lo que nos sale al paso en nuestro viaje lo resolvemos al momento. Si se afronta correctamente, ningún problema ni conflicto puede seguir existiendo.

En el inmenso silencio interior, aparecen el Amor y la Inteligencia, que definen la Verdadera Naturaleza de nuestro ser. Lo Sagrado que existe en cada uno de nosotros nos exige que creemos un clima de paz, sin esfuerzo alguno, sin emplear la fuerza de voluntad ni intentar alcanzar ninguna meta.

La sencillez del encuentro con lo que quiera que el movimiento de la Vida genere conduce a la integridad del ser; la Divinidad nos colma de bendiciones.

Cuando nuestro ser entero está completamente despierto y es independiente e ilimitado, somos Energía creativa, ¡Uno con la Gran Energía Cósmica!

El mundo caótico que con frecuencia encontramos en este planeta cambiará solo cuando todo individuo se transforme. Y todos tenemos capacidad para dejar que la Perfección que existe en nosotros refine su sagrada obra maestra por mediación nuestra.

EL MIEDO

Nuestro camino en esta Tierra tiene altibajos.
A veces los desafíos de toda índole forman una
barricada en medio de la carretera;
a veces, en una encrucijada de nuestra vida, no hay ninguna señal.
He aquí la pregunta, querido compañero de viaje:

¿Adónde ir? ¿Qué dirección es la correcta?
¡No lo sabemos! ¡Los peligros potenciales son
muchos y el camino está oscuro!
¡Carecemos de intuición y nos falta valor!
Pero no podemos detenernos… ¡la Vida misma nos apremia!

Una vez alguien nos dijo que, dentro de nosotros, está escondido
todo el saber de la Vida en la Tierra recogido desde los comienzos.
Si supiéramos cómo acceder a él, no habría problemas;
una sabia solución disolvería cualquier dilema.

La realidad es que cualquier ser humano
tiene acceso a esta vasta biblioteca,

pues la llave está dentro de nosotros, y de todo ser humano.
Solo hay una condición: desterrar el miedo,
¡ahora mismo, en este momento, sin demora!

El miedo es un estado emocional íntimamente conectado con el ego.
Esta ficción, una construcción ridícula,
es temerosa por naturaleza en todas sus empresas,
que crean su estructura y su frágil universo.

El miedo y el ego son uno —no hay dualidad—.
Nos encontramos, así pues, frente a frente con
este producto de la imaginación.
Cuando nos identificamos con el ego, somos
miedo, también; esa es nuestra estructura
cada vez que funcionamos en este estado.

Cuando nos encontramos auténticamente
cara a cara con el miedo o el ego,
sin ninguna motivación, un simple encuentro,
se disipa al instante, y aparece en su lugar un «vacío» absoluto.
Espontáneamente nos hacemos inmensos, sin
creencias ni actos de la voluntad.

La inactividad de la mente —de la mente personal—
nos permite experimentar la Mente Universal,
con la cual el ser humano sabio encuentra el camino del Amor.
Estos hechos crean nuestro viaje por acción espontánea.

Solo en paz, en armonía, en la revelación de nuestro ser,
conoceremos, por experiencia, cuál es el camino correcto.

*Mientras vivamos en la Tierra, la dirección correcta surgirá de
la belleza del Amor y la Integridad Sagrada.*

Nuestra existencia en este planeta tiene altibajos, éxitos
y fracasos. A veces, perturbados por la gravedad de una
situación, los obstáculos que encontramos en el camino nos
desorientan hasta tal punto que no sabemos qué dirección
tomar. Se trata de una confusión debida al miedo y la preocupación, la ansiedad y la inquietud, a la amenaza de un peligro
real o a imaginarse lo que podría sucedernos.

Ahí estamos, completamente sobrecogidos por ese sentimiento turbulento y obsesivo, y las preguntas que naturalmente surgen en nosotros son: ¿hacia dónde dirigirnos?
¿Qué dirección tomar para salir de este atolladero? ¡No lo
sabemos! ¡Los peligros potenciales son muchos, y el camino
está oscuro! Carecemos de intuición y nos falta valor; pero
no podemos detenernos aquí, porque la Vida, en su constante movimiento, ¡sigue empujándonos hacia delante, en su
perpetuo fluir!

Todo lo que hemos leído a lo largo de los años coincide
en que, oculto en nuestro interior, está recogido todo el saber de la vida en la Tierra, y si supiéramos cómo consultarlo,
nuestro problema se resolvería al instante. Todo ser humano tiene acceso a esta vasta biblioteca, y la llave que abre el
arca de ese tesoro de información está asimismo a nuestro
alcance; solo hay una condición: desterrar el miedo, ¡ahora,
en este momento!

El miedo es un estado emocional íntimamente conectado con el ego, cuya naturaleza misma es ser temeroso. Así pues, ¡miedo y ego son uno! No hay dualidad. Y cada vez que nos identificamos con el ego y lo que nos mueve es lograr un beneficio personal, somos también el miedo. Este simple descubrimiento une de repente todo nuestro ser.

Es decir, el encuentro real y atento con este «ego-miedo», sin anticipar ningún resultado, hace que la ficción desaparezca a la velocidad del rayo. En su lugar, se abre una vacuidad, un «vacío» absoluto que nos absorbe, y espontáneamente, sin intervención de la voluntad ni de ninguna creencia, somos ahora un ser inmenso. Somos también pura armonía interior, y vivimos una Paz incondicional y absoluta.

En la inactividad de la mente personal, encontramos por tanto la Mente Universal, donde reinan el Amor y la Inteligencia, que transforman nuestra psique humana. Solo en la paz, armonía y serenidad de la mente que nos inundan en la experiencia directa, descubriremos nuestro verdadero camino en la vida, donde la acción se enteteja con la Belleza, el Amor y la Integridad Sagrada.

LA FELICIDAD

Un intenso estado de contento, completa expansión:
ser atemporal, tesoro inestimable
que, al «conocerse a sí mismo», el individuo hace realidad
sin esfuerzo, elección ni método.

La verdadera felicidad no tiene causa,
no está basada en la memoria ni necesita de ningún apoyo
y, por tanto, no puede desaparecer porque falten los estímulos,
imaginarios o reales.

La felicidad lo abarca todo, incluso el dolor o el sufrimiento;
en su beatífico clima, toda la impotencia se desvanece.
Nunca nos ha abandonado y estará con nosotros siempre,
pues constituye nuestra misma Naturaleza,
cuando está ausente el ego.

La felicidad aparece y desaparece, eclipsada
por las nubes de la mente,
igual que interceptan el paso a la luz del sol las nubes del cielo.

Hablamos de felicidad cuando, en realidad, somos infelices;
en este estado vivimos cuando somos ego, limitados.

Solo podemos experimentar la felicidad en
el momento presente, en el ahora
desvinculado de ayer y de mañana —como seres
humanos completos e integrados—,
una vez que se ha desvanecido la causalidad de la mente
embriagada de tiempo, su mentalidad deficiente.

¿Cómo podemos encontrar la felicidad en la práctica?
Es imposible hallarla con la mente.
Al contrario: la mente es un obstáculo
—la causa de nuestra desdicha—;
¡la mente es precisamente el problema que se ha de resolver!

Con la omnímoda Luz-Atención,
observamos el despliegue que la mente hace en el tiempo.
Los pensamientos, imágenes y deseos que
llegan como una ola detrás de otra
desaparecen bajo su luz, pues no son más que sombras, viejos hábitos

que han mecanizado nuestro pensar a base
de repeticiones y una práctica fiel.
Este espontáneo destello de luz pone fin a todas las ataduras.
Lo único que queda de nosotros: ¡un estado de Conciencia Pura!,
en el que está presente la Felicidad.

*Por el «conocer directo» y «ser» —que hacen de
nosotros seres humanos integrados—,
en cada momento que llega nos encontramos
con nuestra esencia verdadera:
nuestra naturaleza divina se manifiesta como Amor
—su cualidad intrínseca— y, a la vez, como Felicidad sagrada.*

ESCAPAR DEL AHORA

¿Por qué rechazamos el presente y escapamos al ayer o al mañana?
¿Somos conscientes de este escape?
El presente está vivo, activo…, es Realidad absoluta;
todo lo que fue y será es pura fantasía.

Escapamos del presente buscando placer
en imágenes muertas de experiencias pasadas,
que nos tientan a mirar atrás.
Pensar, rememorarlas, les da vida y vitalidad,
pero, a nosotros, proyectarnos en el tiempo nos deja exhaustos,

pues la inquietud de ese pensamiento que
viaja hacia el pasado o el futuro
disipa nuestra energía, y sus efectos son permanentes y dañinos:
como seres incompletos, lo único que cosechamos son sufrimientos,
y el significado de la vida escapa a nuestra comprensión.

Otras veces, el escape se materializa en acciones;
inmediatamente probamos todas las maneras de
escapar que tenemos a nuestro alcance:
el teatro, el cine, los conciertos, la lectura, los deportes
y muchos otros no son sino trampas en las que caemos.

Aquí, en verso, se revela el verdadero propósito de la vida,
que solo se puede cumplir «siendo», integrados en el presente,
encontrándonos cara a cara con «lo que es»:
el pensamiento, la imagen, el deseo...
Un simple encuentro, sin ninguna meta, sin nada que conseguir.

Nada se interpone entre nosotros y lo que vemos.
De este estado aflora una acción sagrada
que lo desintegra todo. En nuestro interior, hay silencio absoluto
cuando el ego está completamente inmóvil, sin vanagloria, sin culpa.

Los instrumentos que empleamos: el observar, el escuchar
y una atención total, que nos integra.
En un silencio sin esfuerzo, sin lucha, nos
expandimos hasta lo Infinito,
y, en el ser nuevo que somos, se resuelven todos los conflictos.

Viviendo con el momento presente descubrimos la Eternidad.
Todo escape es inútil: estamos unidos a la Realidad,
y las revelaciones de la vida nos llegan momento a momento.
Esta gran realización está entretejida con el Amor.

¿Te has preguntado alguna vez a qué es debida la inquietud de la mente? ¿Por qué abandona el presente y escapa hacia un pasado más o menos distante, o hacia un futuro, que es una proyección mental?

Y una pregunta más: ¿eres consciente de que solo el presente está vivo y es real, de manera absoluta, mientras que el pasado y el futuro no son sino falsas experiencias?

Escapamos del presente porque no nos gusta y, de esa manera, recurrimos a experiencias y placeres imaginarios. De hecho, pensar, como reacción de la memoria, les da vida, y su efecto en nosotros no puede ser otro que un obvio agotamiento.

En realidad, el pensamiento que abandona el presente y viaja hacia el ayer o el mañana fragmenta todo nuestro ser. Ya no somos una persona integral, completa, y, por tanto, nos falta la cualidad necesaria para acoger y abrazar la totalidad de la vida.

La vida, sin embargo, en su fluir natural y espontáneo, nos pone frente a frente con sucesos cuya causa nosotros mismos creamos un día, en tiempos remotos, y ahora nos obliga a lidiar con sus efectos.

Pero en nuestro estado actual de seres incompletos, no podemos ni entender la vida ni afrontar correctamente esos efectos que son resultado de nuestras obras pasadas.

En otras ocasiones, escapamos del ahora recurriendo a distintas soluciones momentáneas basadas en nuestras preferencias personales. Nos vamos al teatro, a un concierto, al cine, al estadio, o nos sentamos frente a la pantalla del televisor. Otros escapan leyendo libros y desarrollan una auténtica pasión por ellos. Los leen de todo tipo: buenos, malos, útiles

ELSILENCIO DE LA MENTE

e inútiles. Para este tipo de lectores, el libro es una especie de droga, que ocupa su tiempo y les impide darse cuenta del verdadero propósito de la vida en la Tierra.

Al tratar el tema de este apartado, el autor intenta señalar tanto el verdadero propósito de la vida como lo que se necesita para cumplirlo. Pero la libertad de elegir lo uno o lo otro es solamente tuya.

Para encontrarnos correctamente con la vida y entenderla, hemos de observar todo lo que aparezca en la pantalla de la conciencia un momento tras otro: pensamientos, imágenes, deseos, miedos...

Nada se interpone entre nosotros y lo que encontramos, y eso significa que estamos, en la práctica, integrados en el presente gracias solo a la sencillez del estado de «ser», sin pretender conseguir ningún objetivo ni ideal, y sin ninguna expectativa.

En este estado, la comprensión y la acción transformativa son un solo movimiento, que erosiona en su totalidad la estructura del ego. Y en cuanto el ego desaparece, mora en todo nuestro ser una paz benéfica que nos integra en lo Ilimitado.

En cada encuentro directo con el momento presente, trascendemos lo limitado y nos hacemos uno con la Eternidad. La dicha que sigue hace que cualquier escape del presente sea inviable.

Tenemos acceso a los misterios de la vida solo en una circunstancia: cuando funcionamos como seres completos, en perfecta unión con el presente vivo y activo.

UN EXTRAÑO FENÓMENO:
EL SONIDO SAGRADO

*Hace muchos años, cuando el ego y su mundo de
falsedad se desintegraron por completo,
invadió mi ser un sonido nacido de sí y existente por sí mismo.
Día y noche, sin cesar, está presente siempre,
sin que ningún ruido exterior pueda impedirlo o perturbarlo.*

*Tanto si hablo como si estoy en silencio, es igual de obvio;
y este sonido me trae, sin esfuerzo alguno, al presente.
El simple estado de Ser —Unidad inefable—
me une constantemente con la Vida en su revelación.*

*No se parece a ningún sonido exterior.
Su sutil naturaleza, en mi espacio interior,
impone firmemente su existencia sagrada,
totalmente atenta en cualquier circunstancia.*

*Cuando no soy un hombre completo, cuando
me ausento del momento presente,*

de la Vida eterna y concreta, y soy Espíritu, Alma y Ego,
el recuerdo Sagrado es una gran ventaja,
que espontáneamente obra la maravillosa Integración

en el fluir constante de la Vida —frescura y novedad
momento tras momento—: Realidad Eterna.
Durante mucho tiempo, pensé que este
sonido era un fenómeno ordinario,
y que algún factor importuno me había afectado la audición.

Finalmente, tras estar a menudo en comunión con él,
le concedí la importancia que merecía y
acepté su capacidad de acción real:
me bastaba con escuchar y observar
para integrarme en el presente, en cualquier circunstancia.

Cuando pienso, hablo o permanezco en completo silencio,
el sonido está unido a mi ser, como un buen amigo,
recordándome constantemente quién soy de verdad
en este plano de ilusiones que yo mismo he creado.

Mi alma es un recordatorio constante, vivo plenamente la Libertad,
ser Uno con lo Divino, Uno con la Realidad:
un ser humano Divino, Universal, Pensamiento Ilimitado,
desvinculado de lo mundano, de los patrones organizados de la Vida.

La fe ciega, los métodos, las teorías, las
filosofías llenas de arrogancia
son todos formas efímeras, transitorias, inarmónicas

que crean el espejo de la Vida, pues se reflejan
en el comportamiento humano cotidiano, que nos muestra
que, desde el punto de vista espiritual, vivimos en una era primitiva,
que el egocentrismo salvaje es una realidad innegable.
¿Somos capaces de verlo, y de saber lo que esto trata de enseñarnos?
¡Solo siendo sinceros con nosotros mismos, lo Sagrado lo revela todo!

Este fenómeno ocurrió hace más de treinta años, cuando experimenté el derrumbe total de la innatural estructura del ego. En aquel feliz momento —que fue una sorpresa absoluta—, percibí un sonido extremadamente sutil que invadía todo mi ser.

Desde entonces, siempre ha estado conmigo, día y noche. Ningún sonido llegado del mundo exterior puede aniquilar su presencia. Tanto si hablo como si estoy en silencio, siempre es patente, y su presencia me trae en todo momento de vuelta al presente, a un sencillo Estado de Ser, uniéndome así al movimiento de la Vida.

Este sonido no se parece a nada que oigamos en el mundo exterior. Su exquisitez, su sutileza crea —por así decirlo— un Estado de Conciencia santificadora. Cuando funciono como una sola trinidad interior, en el momento, este sonido es un recordatorio constante, seguido espontáneamente de la realización de mi propia Integridad.

Durante un tiempo, pensé que se trataba de un fenómeno común del sistema auditivo, causado por un factor externo, una corriente de aire tal vez (debida a una puerta o una ventana abierta).

Sin embargo, finalmente, dado que estaba en continua comunión con él, tomé conciencia de su importancia, al experimentar, con la naturalidad, el fenómeno de escuchar u observar toda respuesta o reacción de la memoria. Este sonido es como un amigo, permanentemente unido a mi ser entero, que me recuerda quién soy en este plano autoprogramado de ilusiones. Con su recordatorio constante, experimento plenamente una Libertad psicológica, en comunión con lo Divino Creativo, con la Realidad, como un ser humano Universal dotado de una Mente Ilimitada, desvinculada por completo de todo lo mundano, es decir, del estado de vivir atrapado en los diversos patrones convencionales –fes, métodos, arrogantes teorías filosóficas...–, que, a mi entender, no son más que fugaces ficciones disonantes, como resulta obvio en el mundo en el que vivimos. Todos ellos dan testimonio de que, desde el punto de vista espiritual, nos encontramos aún en un estado salvaje de primitivismo y comportamiento egoísta.

¿Entiendes lo que trato de explicar en estos apartados, tal como lo percibo, a través del sentir y de la experiencia directa? Ser sinceros con nosotros mismos es el camino correcto que se abre ante nosotros y nos enseña a mirar solo hacia delante, como revela lo Sagrado que hay en nosotros.

UN GRITO EN EL DESIERTO

Con total sencillez, intenta observarte a ti mismo.
No opongas resistencia a nada que encuentres.
Aparta de ti la esperanza o la fe ciega en cualquier logro,
pues no hay modelos ni ideales que encarnar.

No hay tiempo que perder persiguiendo ilusiones,
ni del pasado, ni del futuro; estate siempre..., siempre aquí.
Ahora es lo importante; el momento es la Eternidad.
Ofrécele todo tu respeto y consideración.

Encuéntrate directamente con lo que quiera que veas u oigas;
las opiniones y los juicios son meros obstáculos.
La persona docta es, en realidad, estúpida,
pues repite conocimientos muertos que no
significan nada en el ahora.

Contempla el caos y el miedo, siempre unidos.
Son ellos los que tejen el tapiz de la vida en esta atmósfera de locos.
Tu propio funcionamiento psicológico crea desdicha,
y la locura del mundo se rige por un patrón similar al del individuo.

El mundo entero está poseído por las enfermedades y la demencia.
La arrogancia y el orgullo son el fruto de la estupidez.
La violencia, los crímenes, el odio, las guerras sanguinarias
tienen su origen en el individuo y su bagaje mental.

El grito se oye en el desierto psíquico del mundo.
¡Detén el mal que amenaza la vida misma en la Tierra!
Dispones de armas de sobra, no te falta nada,
pero tienes también un ego poderoso, generador de locura.

Este mensaje-grito llega a todos los oídos,
pero ¿cuántos de vosotros os dais cuenta
de su importancia y urgencia?
Si empiezas a practicar de inmediato el «conocerte a ti mismo»,
el mundo entero cambiará, empezando por ti.

Dentro de ti se encuentra la perfección del Universo;
el único obstáculo temporal es tu mente individual,
siempre limitada, egocéntrica y arrogante.
Intenta comprender lo impotente que es por naturaleza.

Si la ves —observándola por completo—, desaparece al momento
y, en el vacío que sigue, ya no hay movimiento;
psicológicamente, el ser entero se hace uno con la Inmensidad.
El momento y el vacío de la mente son las puertas a lo Eterno.

El estado de ser «nada» es tierra fértil para el Amor,
que nos transforma radicalmente dentro de la dimensión de ser.
Nuestros tiempos exigen que demos este salto evolutivo
efectuando cambios radicales en nuestro ego, ficticio y abominable.

Este apartado se refiere al desierto psicológico del ser humano común, condicionado por el espacio-tiempo, cuya existencia egocéntrica lo ha transformado en un ser desequilibrado y temeroso con un comportamiento caótico.

Con una Atención lúcida y omnímoda, intenta observarte a ti mismo con sencillez tan a menudo como te sea posible, sin oponer resistencia a nada que encuentres. Cuando practicas esta experiencia directa, no hay deseos, esperanzas, creencias, modelos que obedecer, metas ni ideales que alcanzar.

No pierdas el tiempo persiguiendo fantasmas; son creaciones del pasado o para el futuro. Persiste en tener un verdadero encuentro con la realidad, que te ofrece las bendiciones de lo Eterno. Es nuestro deber presentarle al momento presente todo nuestro respeto.

Todo lo que veas u oigas, afróntalo directamente, para lo cual es absolutamente necesario que dejes de lado cualquier opinión o prejuicio, así como todos tus conocimientos. La persona docta es y será siempre ignorante, pues sus palabras repiten una y otra vez conceptos imaginarios conservados en la memoria —obsoletos en el presente—, que de nada sirven cuando se encuentran frente a frente con la novedad de lo vivo en su eterno movimiento.

El caos, acompañado normalmente de inseguridad y miedo, determina nuestra existencia y el clima de incertidumbre que impera en nuestra vida diaria, porque recurrimos, una y otra vez, al conocimiento memorizado que hemos heredado a causa de nuestra educación. Y la demencia general, tan obvia en el mundo de hoy, es la consecuencia natural de que todos los individuos afronten la pureza y frescura de la vida de la misma manera deficiente.

Las enfermedades psicológicas plagan el mundo entero; reinan en todas partes la arrogancia, el orgullo y el ego, cuya sola base y aliento es la estupidez. La ambición, la violencia, la codicia, el odio, los crímenes y las guerras tienen su origen y encuentran estímulo en el engañoso contenido de la memoria.

¡Detén esta locura que, por sus efectos destructivos, pone en peligro la vida misma en el planeta Tierra! La existencia de armas letales pone en evidencia e instiga nuestro desequilibrio psicológico, debido al ego, neurótico y egoísta.

¿Cuántos aplicáis de verdad este mensaje de conocer vuestra propia mente?

Cambiar el mundo empieza por cada uno de nosotros, puesto que nosotros y el mundo somos un «Todo»; por tanto, la simple transformación de uno de los elementos del Todo influirá en el resto.

El universo entero está dentro de cada uno de nosotros esperando a que lo descubramos, pero la mente individual, egocéntrica, es un verdadero obstáculo que impide tan maravillosa realización. Por eso cuando la observamos en su totalidad con la llama de la Atención, esa mente entrometida desaparece al instante.

Y en el vacío psicológico que así se crea, nuestro ser se expande hasta lo Infinito, integrándose en el Gran Todo. Así pues, la pasividad de la mente y el momento eterno abren la puerta al Amor absoluto, que, por sí solo, efectúa cambios radicales en la dimensión humana.

Nuestros tiempos exigen que demos este salto cualitativo en el camino siempre ascendente de la evolución moral y espiritual mediante una mutación radical de la estructura del ego, ridículo y abominable.

OPTIMISMO Y PESIMISMO

Optimismo y pesimismo: dos estados engañosos
cuya fuente es el mismo ego, que actúa desde la fragmentación.
En ambos casos, la persona escapa de lo que es real,
bien embelleciendo o bien desluciendo lo que está vivo y presente.

El optimista tiñe de hermosos colores todo lo que encuentra.
Lo embellece todo: lo que es triste se vuelve alegre.
Utiliza el pensamiento para fantasear continuamente,
convirtiéndolo todo en un ideal, y distorsionando así la realidad.

Sus predicciones optimistas son pura ficción, de
ahí que viva de un modo superficial,
rindiendo culto a su ego, lleno de vanas esperanzas.
Es tal su necesidad de alentarse a sí mismo continuamente
que no puede descansar y simplemente observar al «yo».

Es una pura comedia, una farsa, sin efectos reales.
Se miente a sí mismo y miente al mundo.

Psicológica y moralmente, significa degradación
en todas las circunstancias.
Cuando distorsionamos lo real, nuestra vida entera es un escape.

★★★★

Y el pesimista se halla en un estado aún peor, más degradante.
El lienzo de su vida está de luto.
Todo lo que consigue o dice está bañado de tristeza;
lo que encuentra en su camino, lo mira con desconfianza.

De cualquier suceso insignificante hace una tragedia,
exagerándolo y distorsionándolo, por pura necedad.
A veces, este funesto juego termina en suicidio.
La mente está desequilibrada y lo
malinterpreta todo continuamente.

¿Qué fruto puede dar una mente oscura,
a la que acompaña siempre la desesperación?
El tormento, el dolor, la angustia, y la desesperación también,
definen y encadenan al pesimista.

Un desastre para la psique, una vergüenza para el ser humano:
un alma primitiva e impotente atrapada en el ego.
Para el cuerpo: estrés permanente y muerte prematura.
¿Qué bien puede engendrar tal estado?

★★★★

Optimismo y pesimismo, el mismo engaño;
estructuras, ambas, creadas por una mente insensata.
Después de leer lo que he escrito, ¿qué puedes decir de ti?
¿Prefieres uno de ellos al otro, tienes opciones?

Puedes responder a esta pregunta si te conoces a ti mismo,
si sabes cómo eres realmente, mediante una experiencia directa.
Cuando nos encontramos con la Vida y sus desafíos,
el momento es el espejo de la Vida que conduce a la integración.

Solo como ser completo —un Todo armonioso—
descubres la Liberación y lo que es necesario
para esta realización suprema. Así, por medio del Amor silencioso
encuentras la Verdadera Felicidad.

Tanto el optimismo como el pesimismo son estados fraudulentos que alimenta el individuo incompleto —funcionando como «yo»—, condicionado por los residuos del tiempo. En ambas manifestaciones, el ser humano distorsiona la realidad, bien embelleciéndola, bien afeándola.

Con la ayuda de la imaginación, todo lo que la Vida trae con naturalidad en su eterno movimiento, el optimista lo ve teñido de hermosos colores. Cubre de inmediato los sucesos desagradables o tristes con proyecciones engañosas, imaginarias y confusas. El optimista vive en la superficie de su conciencia, ayudado por expectativas ficticias que continuamente le confortan con esperanzas hueras, vanas.

En esta circunstancia, trata incansablemente de perpetuar una vaga atmósfera de armonía, en detrimento de su energía propia. Es un simple acto que se desarrolla en el interior de su ser, y que tiene un efecto también en el mundo exterior. Así, este ambicioso artista se miente a sí mismo y, a la vez, intenta causar buena impresión en el mundo que lo rodea, en las relaciones con sus semejantes. Tal actitud únicamente lo degrada todavía más, ya que no es más que un mero escape de la Realidad de la existencia.

★★★★

El pesimista se halla en una situación aún peor, pues, a sus ojos, el tapiz de la vida está tejido enteramente con lágrimas, sufrimiento y tristeza sin fin. Llevado por su desconfianza natural, imagina tragedias y dramatiza los sucesos más insignificantes, exagerándolo todo.

A veces la mente, abrumada por ideas estúpidas, puede llevar al desafortunado pesimista a cometer el funesto gesto del suicidio. ¿Qué clase de frutos puede dar una mente así —confundida, ignorante y, a menudo, alucinada— salvo sufrimiento, tormento y desesperación?

¡Nada hay más dañino, ignorante y vergonzoso para un ser humano que crear para sí mismo, a causa de sus absurdas alucinaciones, unas condiciones tan insoportables que acaben empujándole a poner fin a su vida! Pero ¡son tales la angustia y el veneno que invaden el cuerpo físico cuando nuestro encuentro con la Vida está mediatizado por el mal hábito de interpretarla basándonos en la oscura visión que nos dan de ella la desconfianza y la incertidumbre! ¡¿Es esta descripción lo bastante clara para que entiendas la inmensa estupidez que es tener una actitud pesimista?!

✮✮✮✮

Como antes he dicho, tanto el optimismo como el pesimismo son actitudes engañosas que degradan moral y espiritualmente todo nuestro ser; pero, además, tienen una influencia negativa en la estructura orgánica del cuerpo físico.

Cuando nuestra mente está programada por una de estas opciones —da igual cuál de las dos sea—, solo hay una solución: un encuentro directo con nosotros mismos practicando el «conocerse a sí mismo». De esta manera, el ser entero está atento y lúcido, completamente receptivo, observando de un modo directo los patrones de la mente, vigilando cómo trata de imponer de forma automática sus posturas preestablecidas cuando se encuentra con la cualidad siempre nueva de la Vida en su movimiento constante.

Inevitablemente, este encuentro auténtico conduce a la desaparición de la vieja mente, y, en un estado de libertad, descubrimos lo que nos es de verdad útil. Así, experimentamos un amor integrador que nos une a la Realidad y a la Verdad Sublime.

SER, CONCIENCIA, SUBLIMIDAD

Gracias a esta trinidad —Ser, Conciencia, Sublimidad—,
trascendemos a lo Infinito y encontramos la Vida verdadera.
A partir de este momento, lo Sagrado guía nuestras acciones,
aclara nuestra mente y nos hace divinos.

En cualquier momento, en cualquier lugar,
en situaciones complicadas,
el Amor lo resuelve todo de inmediato,
pues, en comunión con él, el ser humano es Divinidad,
Generosidad, Belleza y Felicidad, como un Todo.

No es un logro como lo es un ideal que se desea conseguir
o una meta que alcanzar, en un estado de dualidad.
La Paz, el silencio absoluto es el reto.
Cuando, con humildad, la mente está en
silencio, no hay expectativas.

En esta circunstancia, somos Unidad,
¡conocemos la Realidad Eterna por experiencia propia!

Vivimos de momento en momento, en permanente novedad,
sin anticipar nada: el ser entero está presente.

¿Es difícil? ¿Es fácil vivir presentes en el presente?
Cuando dices «no puedo», eres el ego perezoso
que no quiere trabajar, y se inclina por la comodidad
y su satisfacción momentánea, considerando
que esa es la vida verdadera.

Y lo que es más, se opone a la transformación, pues disuelve
sus energías fragmentadas, atrapadas en el deseo y el pensamiento.
El ego vive del pasado y el futuro, como un «yo» robotizado;
su fuerza y sustento: la constante repetición de lo viejo.

Estés donde estés, pregúntate constantemente:
¿soy un ser humano completo, en comunión con la Vida?
Utilizamos la Atención en toda circunstancia,
ya que es un rayo de luz con efectos transformativos.

Intentaré describir y explicar lo que significa cada símbolo. Ser es aquello que está vivo y en movimiento. También podemos llamarlo presencia o existencia, expresiones que usaré indistintamente a lo largo de la explicación.

Ser es el cuerpo físico, en profunda conexión con el cuerpo vital u ódico; sin este último, el organismo material es incapaz de moverse ni de tener una existencia duradera. En el momento de la muerte, el cuerpo vital se separa del físico y se dispersa en el entorno. A veces se aparece como un fantasma visible, que ciertas personas sensibles son capaces de percibir.

La conciencia es un estado de iluminación de la mente; en cuanto la mente permanece en silencio, se vuelve mero espejo que, por lo que en ella se refleja, nos permite ser conscientes de todo lo que nos rodea. Cuando dirigimos la Atención omnímoda y desinteresada hacia este espejo, crea el estado de Conciencia Pura, en el que nuestro ser entero trasciende el mundo finito y se une con el Universo Entero.

Lo Sublime representa la Realidad de nuestro ser, o «nuestra naturaleza divina», que se manifiesta como Amor omnímodo. Cuando alcanzamos esta realización suprema –por experiencia directa–, perdemos el «yo personal» y vivimos en unión con la Divinidad.

Cada vez que esta trinidad se cumple, por experiencia real, trascendemos la dimensión finita e, integrados en lo Infinito, descubrimos la Vida verdadera. En este estado, nos guía la «Chispa Divina» a través de impulsos intuitivos. En cualquier circunstancia en que nos encontremos, incluso en las situaciones más difíciles que el movimiento de la Vida cree, todo se resuelve de la manera más feliz posible. Siendo Uno con la Divinidad, actuaremos como generosidad, belleza y Amor hasta en las circunstancias más trágicas que la Vida nos ofrezca. Todo esto sucede sin ninguna intervención nuestra, es decir, sin ningún deseo, ideal, propósito, etcétera.

En la práctica, vivimos conectándonos y desconectándonos de cada momento, en renovación permanente, haciendo uso de áreas neurocerebrales vírgenes. No anticipamos nada, ni almacenamos nada en la memoria.

¿Qué me dices? ¿Te parece difícil «ser» simplemente, presente en el presente, «aquí y ahora»?

Quien asegura «no puedo» es el «yo personal», por pereza, porque no le gusta trabajar y considera que la comodidad es el verdadero propósito de la vida. Y no solo eso, sino que el ego se opone al trabajo de transformación, consciente o inconscientemente, y a veces con violencia, porque en cuanto vivimos en el presente sus energías se dispersan y disipan. Por lo común, esas energías se acumulan continuamente con la ayuda de la mente robotizada, que corre sin orden ni concierto, bien hacia el pasado, alimentándose de recuerdos muertos –meras imágenes en el momento presente–, bien proyectándose en un futuro incierto y utilizando las mismas realidades falsas.

Para facilitar la práctica del «conocerse a sí mismo», pregúntate tan a menudo como te sea posible: «¿Estoy completo, aquí y ahora, en contacto directo con la Vida?». Indagar así en ti mismo con frecuencia, y utilizando la Atención-Luz, conduce finalmente a la trinidad Ser-Conciencia-Sublimidad, de efectos liberadores. Y para poder poner correctamente en práctica este encuentro con nosotros mismos, voy a mencionar dos aspectos más.

En primer lugar, el silencio de la mente aparece y desaparece. Esta es su naturaleza. No intervengas en modo alguno, pues, sin ningún esfuerzo tuyo, la mente se pone al descubierto y se vacía de la información que contiene, así como de sus energías correspondientes, que, al encontrarse bajo los rayos de una lúcida Atención, se dispersan sin remedio.

En segundo lugar, el silencio del ser es, en y por sí mismo, una acción transformativa. También podemos llamarlo sencillamente estado de «ser», Verdad Absoluta o Dios. En este silencio Sublime o Paz Absoluta, el «yo» está ausente por completo. Ahora bien, cualquier intento de describir este estado de Paz la hace desaparecer.

Por tanto, la Verdad Sublime, la Verdad Absoluta, solo se puede conocer experimentándola directamente y fundiéndose con ella. Es indescriptible e inexpresable. Intentar encontrarla valiéndonos del conocimiento es una pura ilusión, destinada a fracasar rotunda e inevitablemente.

CÓMO LEER Y ESCUCHAR
UN POEMA-ESPEJO

El título representa el tema del apartado; juntos forman un todo.
El tema y tú sois «uno», una unidad plena.
Las letras del verso son meros signos, que me muestran
cómo observar y escuchar a la mente condicionada.

Nada se interpone entre tú y lo que lees o escuchas.
Olvídate del autor, así como de cualquier participación
de la mente pensante deseosa de evaluar y rechazar,
o de adoptar ideas de todo aquello con lo que se encuentra.

Con esos conocimientos acumulados, se suelen crear métodos
destinados a practicarse con esfuerzo y lucha.
Ninguno de ellos te servirá de nada;
al contrario, te perjudicarán, porque hacen
que el «yo» se confunda todavía más.

Cuando la mente y el corazón están abiertos, en pura inocencia,
lees o escuchas sin ningún propósito y, sin embargo, con atención;

sin ningún prejuicio ni deseo de lograr nada.
La sencillez es el secreto para superar el «yo» limitado.

Todo lo que el poema te muestra, si es verdad,
te bastará con escucharlo para estar integrado.
No necesitas hacer nada ni conseguir nada;
con tu no hacer, has trascendido lo Infinito.

El mérito es solo tuyo. El poema simplemente indica
cómo observar de cierta manera, sin ningún bagaje,
pues ¡eso es lo que te exige la Verdad!: que
salgas constantemente a su encuentro
con la mente vacía por completo, independiente del pasado.

El título de cada poema-espejo representa un tema que intentamos expresar con palabras simples, que todo el mundo pueda entender. Basta el encuentro directo con el título de cada tema para experimentar la integridad del ser, absolutamente necesaria para comprender la mente condicionada.

Nada se interpone entre tú y lo que lees o escuchas; así que elimina tanto al autor como a la mente pensante que, en su papel de ego erudito, intenta evaluarlo todo basándose en las reacciones de la memoria.

Ni el bagaje de conocimientos ni los distintos métodos de práctica, que implican esfuerzo y lucha y una interminable repetición de fórmulas, tienen ninguna utilidad práctica. Los supuestos valores que intentan cultivar, arrastrados una y otra vez al momento presente, lo único que consiguen es fortalecer la estructura del «yo personal» y cubrir aún más la luz de tu propio ser.

Por consiguiente, la mente y el corazón, como un ser íntegro, abiertos y en un estado de inocencia total, leen o escuchan el mensaje que el poema quiere transmitir. Y ni en el proceso de leer ni en el de escuchar, hay propósito alguno, como podría ser intentar satisfacer algún deseo.

En ambos casos —al quedarse la mente en quietud—, si el verso es expresión de la Verdad, penetrará en tu ser y te integrará en lo Infinito.

El mérito de vivir estos momentos atemporales es solo tuyo. Con su contenido, el poema no ha hecho más que mostrarte el camino, es decir, cómo escuchar y observar sin hacer uso del bagaje de conocimientos que condiciona tu memoria.

La Verdad absoluta nos exige que salgamos a su encuentro con una mente inocente y humilde, libre de toda posesión anterior.

Solo como seres completamente liberados del pasado caduco podemos encontrarnos y ser uno con la Realidad, sin principio ni fin, con la «Vida Inmortal» existente en todo ser humano, así como en todas partes de la Esfera de la Existencia.

ÍNDICE

Introducción... 7

Escuchar y observar 11

El poder del vacío 17

En calma y relajados.. 23

La importancia del momento 27

La dicha.. 33

Sin posibilidad de escapar 37

El oyente 43

Conocer no tiene límites...................................... 49

La lucha del ego.. 53

Quédate quieto un momento y pregúntate 57

El misterio del silencio... 61

El escuchar puro 67

Una llama ardiente 71

El movimiento de Creación.................................. 75

¡No opongas resistencia a nada!........................... 81

La eterna juventud.. 85

La mente destruye el cuerpo 89

El ámbito de la felicidad...................................... 93

Fundirse 97

El miedo a la soledad 99

Todas las expectativas son una trampa 103

Práctica del «conocerse a sí mismo» 107

La tristeza 113

Todos los sentidos están despiertos...................................... 117

El miedo... 119

La felicidad 123

Escapar del ahora.. 127

Un extraño fenómeno: el sonido Sagrado 131

Un grito en el desierto... 135

Optimismo y pesimismo 141

Ser, Conciencia, Sublimidad.. 147

Cómo leer y escuchar un poema-espejo 153